DE LA SALTATION THÉATRALE.

Livres qui se trouvent chez le même Libraire.

WINCKELMANN. Histoire de l'Art chez les Anciens, 3 vol. in-8. avec fig. br. 15 liv.
— Remarques sur l'Architecture des Anciens, in-8. br. 2 l. 8 s.
— Recueil de différentes Pièces sur les Arts, in-8. br. 5 liv.
— Lettres Familières. 2 vol. in-8. br. 7 liv. 10 s.
— Lettres sur les découvertes faites à Herculanum, à Pompeii, à Stabia, à Caserte & à Rome. in-8. br. 5 liv.
— Description des Pierres gravées du Cabinet de Stosch. in-4. br. 15 liv.

BAYEUX. (M.) Traduction des Fastes d'Ovide, avec des notes & des recherches critiques d'histoire & de philosophie, tant sur les différents objets du systême allégorique de la Religion Romaine, que sur les détails de son culte & les monuments qui y ont rapport, 4 vol. in-8. fig. br. en carton. 25 liv. 4 sols.
Le même Ouvrage, 4 vol. in 4. br. en carton. 75 liv.

BANIER. Traduction des Métamorphoses d'Ovide, avec le texte latin, 4 vol. in-4. fig. rel. en v. éc. d. s. tr. 150 liv.
— Explication historique des Fables. 3 v. in-12. br. 7 l. 10 s.

GESSNER. Œuvres, 3 vol. in-4., avec 74 figures dessinées par M. le Barbier l'aîné. Il en paroît neuf Cahiers, pour lesquels on paye 93 liv. Les dixième & onzième livraisons, fin de l'Ouvrage, paroîtront successivement.
Les mêmes, grand in-fol., premières épreuves. 300 liv.

HAGEDORN. Réflexions sur la Peinture, trad. de l'allemand par M. Huber. 2 vol. in-8. br. 10 liv. 10 sols.

DESCRIPTION des principales Pierres gravées du Cabinet du Duc d'Orléans. 2 vol. in-fol. fig. br. 120 liv.

D'ANDRÉ BARDON. Traité de Peinture, suivi d'un Essai sur la Sculpture. 2 vol. in-12. 5 liv.
— Histoire Universelle traitée relativement aux Arts de peindre & de sculpter. 3 vol. in-12. 9 liv.

RECUEIL de Pièces intéressantes concernant les Antiquités, les Beaux-Arts, les Belles-Lettres & la Philosophie, traduites de différentes langues, 5 vol. in-8. fig. br. 30 liv.

IDÉES sur le Geste & l'Action Théâtrale, par M. Engel, suivies d'une Lettre sur la Peinture Musicale, trad. de l'allemand, 2 vol. in-8. fig. br. 12 liv.

DE LA SALTATION THÉATRALE,

OU RECHERCHES

Sur l'Origine, les Progrès, & les Effets de la Pantomime chez les Anciens,

Avec neuf Planches coloriées ;

Dissertation qui a remporté le Prix double à l'Académie des Inscriptions & Belles-Lettres en Novembre 1789 ;

PAR M. DE L'AULNAYE.

Mirabilis ars est
Quæ facit articulos, ore silente, loqui.
Epigramm. Vet.

A PARIS,

Chez BARROIS l'aîné, Libraire, Quai des Augustins, n°. 19.

1790.

DE LA SALTATION THÉÂTRALE.

L'HISTOIRE de la Danse ancienne offre un sujet très-vaste, & sur lequel nous sommes encore loin d'avoir épuisé les recherches. Si l'on considère en effet que l'Art du geste, l'une des trois parties constitutives de la Musique, avoit chez les Grecs une étendue beaucoup plus considérable que parmi nous ; que presque tous les Peuples de l'antiquité eurent des Danses religieuses, des Danses militaires, d'autres dépendantes des exercices gymnastiques, d'autres uniquement usitées dans les Jeux, sur les Théâtres, & variées suivant la nature des Pièces que l'on y représentoit ; on se convaincra aisément que ce n'est que par une étude approfondie que l'on peut acquérir une connoissance exacte de toutes ces branches de la Musique hypocritique. L'ouvrage qu'on va lire a pour objet cette partie de l'art du geste résultante du principe imitatif qui lui est commun avec les autres arts, & par laquelle les anciens Histrions savoient exprimer toutes les passions, toutes les actions des personnages qu'ils mettoient sur la scène. Cette imitation saltatoire (1) est le fondement, l'objet essentiel de la Danse. C'est elle qui la classe parmi les beaux-arts. C'est elle qui anime, qui vivifie jusqu'aux moindres gestes du Pantomime. Sans elle, la Danse ne seroit (comme elle n'est en effet que trop souvent parmi nous) qu'une suite de mouvements inexpressifs, de pas arbitraires, peu propres à émouvoir un Spectateur sensible, & qui ne pourroient tout au plus l'intéresser que par le triste mérite de la difficulté vaincue. L'art des Pantomimes, dont nous ne pouvons plus nous former qu'une idée très-imparfaite, fut porté chez les Romains à un tel point de perfection, que tout ce que renferment, & l'Histoire, & la Fable, & la Poésie, étoit de son ressort; que ces Acteurs avoient le talent d'exprimer par des gestes les plus légers mouvements de l'ame; & que ce langage muet, mais peut-être non moins énergique que la déclamation théâtrale, étoit parfaitement entendu du Spectateur.

Je rechercherai d'abord quelle a été l'origine de cet art; s'il naquit chez les Romains, comme l'ont pensé la plupart des Auteurs qui ont écrit sur cette matière, ou si, selon le sentiment de plusieurs autres, il fut connu de toute ancienneté. Pour éclaircir ce point important, je commencerai par quelques détails sur la Danse considérée en elle-même, sur son union avec les autres arts; & j'espère que les lumières de l'analyse, jointes au témoignage des Ecrivains de l'antiquité, me conduiront à démontrer que la diversité des opinions sur l'origine de la Saltation n'est venue que du défaut de s'entendre, & qu'en écartant du sujet ces disputes, toujours nuisibles, qui ne roulent que sur l'acception des mots, il est très-possible de concilier les sentiments, opposés en apparence, des divers Auteurs Mimographes. J'examinerai ensuite ce qui constituoit particulièrement l'art des Pantomimes; quels furent leurs vêtements, leurs usages, les priviléges dont ils jouirent; quelles pièces ils représentèrent; en quel lieu & comment se faisoient leurs représentations; en quoi consistoient leur jeu, leurs mouvements, leurs gestes; en un mot tout ce qui a rapport aux Ludions, Histrions, Mimes, Archimimes, Pantomimes, aux progrès de leur art, & à la passion immodérée des Romains pour les Spectacles muets. Puisse l'illustre Compagnie qui préside aux Lettres, & dont les immenses travaux ont porté tant de jour dans l'histoire des Peuples anciens & modernes, agréer des recherches que je lui ai consacrées.

HAUTE ANTIQUITÉ

DE LA DANSE (*).

PREUVES tirées du témoignage des anciens Auteurs.

LE PRINCIPE fondamental des Beaux-Arts est l'imitation de la nature. Mais, cette imitation qui leur est commune, ils la produisent de diverses manières : ils doivent donc avoir eu des origines différentes. L'observation de l'ombre des corps paroît avoir donné naissance à la Peinture ; l'empreinte que les matières molles reçoivent des matières plus dures put inspirer l'idée de la Sculpture (2) ; mais toutes deux doivent être de beaucoup posté-

(*) PAR le mot *Danse*, ainsi qu'on le verra, je n'entends point l'art de sauter en mesure, de former avec grace des pas cadencés. Ce mot, dans tout le cours de cet Ouvrage, ne signifie autre chose que l'art du geste.

rieures aux premiers temps du monde. Filles de l'oisiveté, elles exigent une situation paisible, des mœurs douces, le développement de l'esprit humain. Elles n'ont aucun rapport au langage de l'homme, ni à ses besoins (3). !Qu'il y a loin en effet du Sauvage errant dans les forêts & dévorant la proie qu'il vient d'atteindre à la course, à Dybutade, traçant sur le sable l'ombre de son Amant.

Il n'en est pas de même des autres Arts, qu'un rapport immédiat lie étroitement à celui de la parole. Les premiers hommes, fortement émus par les objets environnants, exprimèrent leurs sensations par des métaphores, par des articulations vives & accentuées, par des gestes énergiques. La Poésie, la Musique, la Danse, naquirent avec la langue primitive, ou plutôt elles en faisoient l'essence (4). Et d'abord, je trouve la preuve de cette commune origine, de cette union intime de la Danse à la Musique & à la Poésie, les plus anciens des Arts, dans le témoignage de tous les Auteurs de l'antiquité. Aristide Quintilien définit la Musique : *l'art du beau & de la décence dans les voix & dans les mouvements*, ΤΕΧΝΗ ΠΡΕΠΟΝΤΟΣ ἘΝ ΦΩΝΑΙΣ ΚΑΙ ΚΙΝΗΣΙ. Il la divise en six parties (5), dont l'une est la Musique *Hypocritique* (6), ou l'art du geste. Porphyre, qui indique une autre division de la Musique, s'accorde cependant avec Aristide pour ce qui regarde la Danse. Athénée, en parlant de la Musique des anciens Arcadiens, dit qu'elle comprenoit la Poésie, la Danse, & le Chant. Enfin voici un passage de l'Alcibiade de Platon, qui n'est pas moins décisif sur ce point :

SOCRATE. Dis-moi..... quel est l'art auquel appartiennent, le Chant, la Poésie & la Danse. ? Ne saurois-tu m'en indiquer le nom. ALCIBIADE. Je ne le puis. SOCRATE. Essaies de le trouver. ? Quelles sont les Déesses qui président à cet art. ALCIBIADE. O Socrate, ? veux-tu parler des Muses. SOCRATE. Oui sans doute : cherches quel art emprunte son nom d'elles. ALCIBIADE. ? N'est-ce point la Musique. SOCRATE. Tu l'as dit (7).

UNE preuve non moins convaincante de la haute antiquité de la Danse (8), c'est que, dans les temps les plus reculés, les Poètes donnèrent à leurs Dieux l'épithète de *Saltateurs*, (ΟΡΧΗΣΗΣ). Pindare qualifie ainsi Apollon. Homère lui défère aussi ce titre dans ses Hymnes. Eumelus ou Arctinus de Corinthe fait danser Jupiter (9). Les anciens Thessaliens donnoient à leurs Magistrats le nom de ΠΡΟΟΡΧΗΣΗΡΕΣ, qui signifie *Conducteurs de Danses*. Je ne m'arrêterai point à ce que la

Fable nous dit de Rhée qui apprit l'art du geſte aux Corybantes & aux Curètes, de Caſtor & Pollux qui enſeignèrent le même art aux Lacédémoniens, des Bacchantes (10), des Baptes, des Saliens, des Luperces (*). Ces diverſes traditions prouvent aſſez que les Grecs eux-mêmes ne connoiſſoient point l'origine de la Danſe, & qu'elle ſe perd dans la nuit des temps.

PREUVES tirées de la nature même de l'art.

MAIS quittons pour quelques inſtants les ſentiers pénibles de l'Hiſtoire ancienne, qui, ſouvent menſongère, ou ſe plaît à nous faire errer dans des dédales obſcurs, ou, ne nous montrant que quelques faits bizarres & iſolés dont nous ignorons la cauſe particulière, nous conduit à des ſyſtêmes erronés, que la raiſon réprouve, & dònt néantmoins le ridicule ne nous frappe que difficilement.

IL ſuffiroit ſans doute de réfléchir ſur la nature de l'art du geſte, pour ſe convaincre qu'il eſt intimement lié à la faculté de

---

(*) ON peut voir (pl. I, n°. 2) la figure d'un Saltateur que l'on croit être un Luperce. Ces Prêtres du Dieu Pan étoient très-obſcènes, & couroient tout nuds dans les rues de Rome, pendant la ſolemnité des Lupercales.

parler, & qu'il dut naître avec la langue primitive. Mais veut-on se rendre cette vérité plus sensible, que l'on examine l'homme au berceau du monde, & qu'on le suive dans ses progrès, dans sa civilisation. Cet être, végétant long-temps dans une enfance morale, ne connut d'abord que des besoins naturels. Ces besoins excitoient en lui, la douleur quand il en étoit tourmenté, le plaisir lorsqu'il les satisfaisoit. Ces deux affections, jointes au desir de conserver ses jours, furent pendant long-temps les seules qui l'agitèrent. Leur application aux objets environnants, étoit l'effroi ou l'admiration, la crainte ou la joie. Encore ces deux dernières sensations supposent-elles une réflexion antérieure, fruit de l'expérience, dont elles sont le résultat.

Les premiers cris de l'homme dûrent donc être des exclamations arrachées par la douleur, l'admiration, ou l'effroi; car, pour les autres affections, elles sont plus tranquilles, & ne sont point incompatibles avec le silence.

Ces exclamations étoient accompagnées du geste, autre expression du sentiment, inséparable de la première, & qui naît avec elle. Voilà donc déjà deux objets distincts, le ton de la voix, & la modification du geste.

Au premier rapprochement des hommes, ils

cherchèrent à s'exprimer réciproquement, ou leurs besoins, ou la sensation que faisoit sur eux la vue d'un objet, ou celle qu'excitoit dans leur esprit le souvenir d'un autre objet. Au premier cas, le geste seul suffit; dans le second, ils indiquoient l'objet, car tel est le premier mouvement de la nature, & leur geste étoit accompagné d'une exclamation; pour le troisième, ils tâchoient de peindre par le geste & par les sons l'objet qui les avoit frappés, & exprimoient en même-temps l'impression qu'ils avoient éprouvée. Telles furent les sources de l'art pantomimique & de l'harmonie imitative. Il seroit inutile de les chercher ailleurs, & tant que, sur un pareil sujet, on se contentera de consulter les monuments anciens, on ne trouvera que ténèbres, qu'incertitudes, & l'on se perdra dans de vains systêmes, faute d'avoir auparavant examiné la nature de l'art dont on recherche l'origine.

C'EST sans doute pour ne s'être point arrêtés à un pareil examen, que plusieurs Auteurs ont erré sur l'origine de l'art Pantomimique. Ne s'attachant qu'au mot *Pantomime* (11), dont l'usage ne paroît pas antérieur au siècle d'Auguste, ils ont fait, de l'art qui porte ce nom, une invention moderne; comme si, de ce que le mot n'existoit point, il s'ensuivoit nécessairement que la chose qu'il exprime fût inconnue. Cette conséquence ne me paroît rien moins que juste. Je suppose que la Musique, telle qu'elle est aujourd'hui parmi nous, n'eût encore jamais porté le nom qu'elle a reçu des Muses ; que, dans le ravissement que nous éprouvâmes aux accords divins du Chantre d'Alceste & d'Iphigénie, nous lui ayons déféré d'une commune voix le titre de *Musicien*, mot ignoré jusqu'à cette époque : je demande si les Auteurs qui, dans huit ou dix siècles, travailleroient à l'Histoire de la Musique en France, auroient raison de soutenir que Gluck a été l'inventeur de cet art, uniquement fondés sur ce qu'il auroit le premier porté le surnom de Musicien. Tel est cependant le raisonnement qu'on a fait au sujet de l'art Pantomimique. On n'a point vu de Pantomimes avant Pylade & Bathylle, parce qu'avant eux aucun Acteur n'avoit joui de ce titre. On a rejetté de cette classe les Saltateurs Grecs, comme si leur art eût été étranger à celui des Saltateurs Romains. On a établi des distinctions formelles entre les premiers Histrions, les Mimes, & les Pantomimes ; tandis que leurs talents ne présentent d'autres différences que celles que l'on peut concevoir entre l'Artiste grossier, mais inventif, qui a jetté les fondements de son art, & ceux qui, après lui, y ont ajouté & l'ont perfectionné. C'est ainsi que Suidas, Zozime, Zonaras, Juste-Lipse, ont fixé l'origine de l'art Pantomimique au siècle d'Auguste. Suidas même ne fait aucune difficulté d'en attribuer l'invention au vainqueur de Marc-Antoine, tant il est facile de s'égarer, lorsqu'un esprit de systême voile à nos yeux le sentier de la vérité. Si ces Auteurs eussent dit que, sous le règne d'Octave, l'art Pantomimiqne commença à se perfectionner; qu'à cette époque, cet art étoit indépendant de la Poésie; qu'il embrassoit, ainsi qu'elle, des sujets dramatiques; qu'il avoit ses Théâtres séparés, & ne se bornoit plus à remplir les entr'actes de la Tragédie & de la Comédie; qu'en un mot Pylade & Bathylle surent lui donner une énergie, une vérité, une étendue, dont les premiers Romains ne l'auroient peut-être pas cru susceptible; ils n'eussent rien dit que de vrai, de sensé, & qu'on ne pût appuyer de l'autorité des Ecrivains de l'antiquité.

AFIN de mieux établir les vérités que je viens d'avancer, afin de donner à mes Lecteurs, dès ces premières Sections, une idée plus complette encore de l'art du geste, transportons-nous pour quelques instants au temps de sa gloire, & examinons les définitions que nous en ont donné les Auteurs anciens. On n'y trouvera que le développement du principe imitatif que j'ai établi ci-dessus. Cette expression, peu façonnée mais énergique, rude, vivement articulée mais vraie, que nous avons remarquée dans le geste des premiers hommes, nous la retrouverons dans le jeu des Pantomimes, mais plus douce, plus modifiée, étendue dans tous ses moyens de puissance. Cet examen nous conduira à quelques réflexions sur les arts : nous tâcherons de déterminer en peu de mots, & leurs similitudes, & leurs différences.

DÉFINITION

DE LA SALTATION THÉATRALE,

TIRÉE DE PLUTARQUE.

PLUTARQUE (Symposiaq. l. 9. Probl. 15) divise la Saltation Théâtrale (12) en trois parties; la CONTENANCE ΣΧΗΜΑ, le GESTE ΦΟΡΑ, & l'INDICATION ΔΕΙΞΙΣ. Les Latins nommoient ces trois parties, *species*, *latio*, *ostensio*. De même, dit notre Philosophe, que la combinaison des sons & des intervalles constitue l'harmonie (13), de même la Saltation n'est qu'un assemblage varié de gestes & d'attitudes; la suspension des mouvements étant dans celle-ci, ce que les pauſes ou ſilences ſont dans l'autre. Par le mot *Contenance*, Plutarque entend ce maintien, cette diſpoſition du corps, qui lui reſtent lorſque tout geſte ceſſe, & par leſquels l'Acteur doit exprimer le caractère du perſonnage qu'il repréſente. Il faut, dit-il, que l'on reconnoiſſe au ſeul port, à la ſeule démarche du Pantomime, ſi c'eſt Apollon, Pan, ou une Bacchante, qui paroiſſent ſur la ſcène. On conçoit aiſément que le coſtume aidoit beaucoup à cette partie de la Saltation. Le mot *Geſte* eſt facile à comprendre. C'eſt l'expreſſion du ſentiment qui anime l'Acteur. C'eſt la peinture des actions qu'il veut repréſenter. Cette branche de l'art du Saltateur en eſt, ſi je puis m'exprimer ainſi, la déclamation, l'accent pathétique. C'eſt elle qui porte dans notre ame l'amour, la terreur, la pitié, toutes les affections qu'il plaît au Pantomime d'exciter en nous. Quant à l *Indication*, elle n'eſt point proprement une imitation. C'eſt la ſimple oſtenſion des objets dont l'Acteur eſt cenſé s'occuper, telle que le Ciel, la Terre, les Enfers. Cette partie de l'Art Pantomimique, dit Plutarque, doit être exécutée avec nobleſſe, avec grace, & cependant avec vérité. Elle doit déſigner d'une manière claire & préciſe ce que l'on veut montrer. Elle comporte l'emploi des images, lorſque, par exemple, on cherche à repréſenter un objet par la peinture de ſes attributs. Cette ſorte d'indication étoit même la plus recherchée au Théâtre. C'eſt ainſi que nous applaudiſſons à l'élégance d'un Ecrivain, lorſqu'il a l'art de ſubſtituer aux noms des objets dont il veut nous entretenir, un choix heureux des attributs qui les caractériſent. On verra plus loin de quels moyens divers Hylas & Pylade ſe ſervirent pour exprimer ces mots, *Agamemnon le Grand* : ces moyens étoient du reſſort de l'*Indication.*

PLUTARQUE inſiſte fortement ſur l'union intime de la Poéſie & de l'art du Geſte (14). Il appelle celui-ci une *Poéſie muette*, & la Poéſie une *Danſe parlante* (15). Il ſemble, ajoute-t-il, que les vers entraînent avec eux les pieds & les mains; ils ont un tel empire ſur notre corps, que nous ne pouvons déclamer, ſans faire les mouvements analogues aux paroles que nous prononçons. En terminant le Chapitre que j'ai cité, ce Philoſophe déplore le ſort de la Danſe, déja totalement corrompue de ſon temps; & cependant Plutarque vivoit tout au plus cent ans après le ſiècle d'Auguſte.

L'ANALYSE que l'on vient de lire achève de développer la nature de l'art du Geſte, & de rendre ſenſible le caractère particulier qui le distingue des autres Arts. Maintenant, si l'on veut les comparer entr'eux, & examiner ce en quoi ils diffèrent & ce qu'ils ont de commun, on trouvera les résultats suivants.

LA PEINTURE & la SCULPTURE parlent directement à l'organe de la vue. Les formes réelles de la matière modifiée, l'apparence optique des corps, sont les moyens des sensations qu'elles excitent en nous. Ouvrage des mains (16), la Sculpture, dépouillée de tout ce qui tient à l'imagination, n'est plus qu'un art mécanique (17), une opération de Géométrie (18). La Peinture, moins vraie, puisque son mérite consiste dans une erreur des sens, est en même-temps plus variée, plus étendue, plus puissante que la Sculpture. Elle peut imiter ce qui n'est point susceptible de relief. Les feux de l'astre du jour, l'azur d'un beau ciel, l'ombre des corps, l'obscurité de la nuit, l'écume des vagues, l'effort des vents, tous ces objets se refusent au ciseau du Statuaire; mais, tracée par un Artiste habile, leur image anime la toile, & fait illusion à nos sens. Ces différences tiennent à la nature des deux arts, dont l'un, comme je l'ai dit, doit imiter les corps tels qu'ils sont dans la réalité (19), tandis que l'autre ne les présente que tels qu'ils paroissent à l'œil.

LA MUSIQUE affecte l'organe de l'ouïe ; mais cet art, imitateur de l'accent des passions humaines, n'agit guères sur nous que par des rapports intellectuels. Le pouvoir physique des sons n'est pas une aussi grande merveille que quelques Philosophes ont voulu nous le faire croire (20).

L'ART DU GESTE est une Musique oculaire. Il dit à l'œil ce que la Musique dit à l'ouïe. Tous deux sont une langue : les gestes sont les mots de l'une, & les sons ceux de l'autre.

LA POÉSIE ne parle qu'à l'imagination. Elle ne peint directement les objets à aucun sens. Mais, peu différente de la Musique à laquelle elle est intimément liée, elle excite dans notre ame des sensations semblables à celles qu'y feroit naître la présence des objets. C'est un art mensonger qui, par un pouvoir magique, nous transporte au milieu de la scène qu'il décrit. Dans les Langues anciennes, le rhythme & les images étoient les caractères distinctifs de la Poésie. Privés du rhythme, & croyant peut-être le remplacer par une monotone & fatiguante consonnance, nous avons introduit la rime dans nos vers, & cette invention gothique qui, sans aucune compensation, nous donne de dures entraves, attestera toujours, malgré nos vains raisonnements,

combien

combien peu notre Langue eſt propre à la Poéſie. Quand j'entends un Verſificateur moderne ſoutenir qu'on ne peut écrire un Poème qu'en vers, je ſuis fort tenté de le comparer au Bourgeois-Gentilhomme, qui faiſoit de la proſe ſans le ſavoir.

L'IMITATION étant l'objet eſſentiel des Beaux-Arts ; lorſqu'elle ſe porte ſur des êtres animés, elle doit exprimer les effets des paſſions ſur ces êtres. Or toute affection, toute émotion de l'ame, ſe manifeſte de trois manières différentes ; par la VOIX, par le GESTE, & par L'ALTÉRATION DU VISAGE (21). Dans la *voix*, on peut conſidérer deux choſes ; l'inflexion des ſons, & l'expreſſion du diſcours. La première eſt l'objet de la Muſique, l'autre appartient toute entière à la Poéſie.

L'IMITATION du *Geſte* appartient à l'art du Saltateur. La Peinture & la Sculpture peuvent bien rendre auſſi l'attitude de la paſſion ; mais il ne leur eſt poſſible d'en ſaiſir qu'un inſtant unique, & c'eſt à le bien choiſir que conſiſte le mérite du Peintre & du Statuaire.

ILS pourront rendre de la même manière *l'altération du viſage :* mais le Mime l'exprimera dans toutes ſes nuances, dans toutes ſes variétés. Semblable aux flots de la mer ſans ceſſe agités par les vents, ſa figure, dans une mobilité continuelle, peindra ſucceſſivement l'amour, la haine, la pitié, la fureur, toutes les paſſions dont un rôle eſt ſuſceptible.

C'EST AINSI que, par une compenſation digne de remarque, la Peinture eſt privée du relief, la Sculpture des couleurs, la Muſique du geſte, & la Danſe de la voix (22). La Poéſie, comme je l'ai dit plus haut, peut, elle ſeule, exprimer preſque tout : mais cette variété de ſenſation qui naît de la différence de conſtruction des organes de chaque individu, y devient plus ſenſible que dans les autres arts. Car c'eſt moins la nature que l'on y voit peinte, que l'impreſſion que le Poète a éprouvée. Il ſuit de-là que, de toutes les imitations, la plus difficile & cependant la plus naturelle, la plus arbitraire & la plus éloquente, celle qui demande le plus de connoiſſances acquiſes & dont néantmoins la ſource eſt en nous-mêmes, eſt celle qui conſtitue la Poéſie; auſſi, malgré le nombre immenſe des Verſificateurs tant anciens que modernes, celui des bons Poètes eſt-il infiniment petit.

QUE L'ART PANTOMIMIQUE

FUT CONNU

DE TOUS LES PEUPLES DE L'ANTIQUITÉ.

L'ART DU GESTE, connu chez les Romains ſous le nom de *Saltatio*, ſe nommoit ORCHESIS chez les Grecs. On l'appeloit auſſi *Chironomia*, mot dérivé de ceux-ci, ΧΕΙΡΟΣ, ΝΟΜΟΣ, & qui ſignifie *règle de la main*. Platon le définit l'imitation de tous les geſtes & de tous les mouvements que l'homme peut faire (23). J'entreprends de prouver que cet art fut cultivé, non-ſeulement par les Grecs, mais encore par tous les Peuples de l'antiquité, & que par conſéquent ce n'eſt point chez les Romains que l'on peut eſpérer d'en découvrir l'origine.

I. QUINTILIEN, dans le premier livre de ſes Inſtitutions, rapporte aux temps héroïques l'origine de la Saltation (24). Théophraſte attribue l'invention de cet art à Andron de Catane, Caſſiodore à la Muſe Polymnie, Plutarque à Philammon de Delphes, inſtituteur des Danſes d'Apollon (25); Hippaſus en fait honneur aux Lacédémoniens, Dicæarchus aux Sicyoniens, d'autres aux Syracuſains. Athénée dit qu'un certain Telesis ou Telestes imagina plusieurs moyens d'exprimer, par le seul mouvement des mains, les paroles qui composent le discours. Ce Telestes qui, suivant Aristocles, fut contemporain d'Æschyle, avoit un talent si supérieur, qu'il représenta en Pantomime la guerre de Thèbes, ou plutôt la pièce d'Æschyle, intitulée *les Sept devant Thèbes*, sans omettre aucun des évènements relatifs à ce sujet, & sans qu'il y eût la moindre obscurité dans son jeu (26).

II. MAIS voici plus encore. Lucien qui a écrit sur la Saltation, & dont le sentiment doit être ici d'un grand poids, dit en termes formels : *on ne doit pas croire que la Saltation soit une invention moderne, née récemment, ou même que nos Ancêtres ayent vu éclore.* CEUX QUI ONT PARLÉ AVEC VÉRITÉ DE L'ORIGINE DE CET ART AFFIRMENT QU'IL PRIT NAISSANCE AU TEMPS MÊME DE LA CRÉATION DE TOUTES CHOSES, *& qu'il est aussi ancien que l'Amour, le plus ancien des Dieux* (27).

III. ARISTOTE, dans sa Poétique, fait une mention expresse des Saltateurs, dont les danses imitoient, dit-il, les mœurs, les passions, & les actions des hommes (28). Il y avoit donc des danses Pantomimes du temps d'Aristote, & je supplie le Lecteur de se rappeller que le Précepteur d'Alexandre vivoit environ trois cents ans avant le siècle d'Auguste. On voit par-là ce que l'on doit penser de l'assertion de Suidas & de Juste-Lipse (29). Je poursuis cet examen.

IV. NOUS trouvons dans Homère (30) la description d'une Danse semblable à celle que Dédale inventa pour Ariadne. Cette Danse représentoit les détours inextricables du fameux labyrinthe. Meursius, qui la nomme ΓΕΡΑΝΟΣ, en attribue l'invention à Thésée, environ 1300 ans avant le règne d'Auguste. Au milieu des Danseurs, dit Homère, étoient deux Saltateurs qui chantoient les avantures de Dédale. Ces Saltateurs joignoient le geste au chant, & c'est par cette raison sans doute qu'on les plaçoit au centre de la Danse, dont ils expliquoient le sujet par leur Pantomime (31).

V. XÉNOPHON parle d'une Danse guerrière, dont furent témoins les Députés des Paphlagoniens. Au son de la flûte, dit-il, deux Thraces exécutèrent une Pantomime qui peignoit un combat singulier. Leurs mouvements, les coups qu'ils se portoient, étoient concertés, & mesurés sur le rhythme de la Musique qui les accompagnoit. Après une vive résistance, l'un des deux combattants tombe, & son corps est emporté par les siens. L'autre, maître du champ de bataille, chante ſon triomphe (32), & s'empare des armes de ſon ennemi. Les Paphlagoniens qui étoient préſents à cette lutte, firent de grands cris en voyant tomber le Thrace, le croyant tué, mais ce n'étoit que jeu & artifice (33).

VI. LES MAGNÉSIENS avoient une autre eſpèce de Danſe, moitié ruſtique, moitié guerrière, qu'ils appelloient ΚΑΡΠΑΙΑ, de ΚΑΡΠΟΣ qui ſignifie *ſemence*. Un Laboureur conduiſoit ſa charrue, feignant de travailler la terre, lançant au-devant de lui la ſemence, & retournant ſouvent la tête, comme s'il appréhendoit l'ennemi. Un voleur fondoit à l'improviſte ſur lui, & cherchoit à lui ravir ſes bœufs. Le Laboureur couroit aux armes, & engageoit un combat, d'où ſouvent le larron ſortoit vainqueur. Alors celui-ci enchaînoit le vaincu, dételoit les bœufs, les emmenoit, & tel étoit le dénouement de cette ſingulière Pantomime (34).

VII. HÉRODOTE rapporte le fait ſuivant. Cliſthène, Roi de Sicyone, fils d'Ariſtonymus & petit-fils de Myron, avoit une fille nommée Agariſte. Déſirant la marier ſuivant ſon rang, & l'unir à un homme digne d'elle, il établit une ſorte de concours. Comme la célébration des Jeux Olympiques approchoit, il fit proclamer par des Hérauts que quiconque aſpiroit à l'hymen d'Agariſte eût à ſe rendre à Sicyone dans ſoixante jours ; que là tous les Prétendants réunis ſeroient traités avec magnificence, qu'ils ſubiroient toutes ſortes d'épreuves, & qu'après une année révolue, le Roi ſe choiſiroit un gendre. Tout ce que la Grèce avoit de jeunes hommes diſtingués ſe rendit à cette invitation. Smindyrides le Sybarite, Damas fils de Samyr, l'Ætolien Males, Amphimneſte fils d'Epiſtrophus, Leocedes fils du tyran d'Argos, Amiante de Trapezonte, Laphanes fils d'Euphorion, Onomaſte fils d'Agée, Diactoride de la ville de Cranon, Lyſanias d'Eretrie, & beaucoup d'autres héros parurent à la Cour de Cliſthène. Mais Hippoclide fils de Tiſandre, & Megagles fils d'Alcméon, tous deux venus d'Athènes, éclipsèrent bientôt les autres prétendants. Cliſthène avoit une ſecrette prédilection pour les Athéniens, & ſur-tout pour Hippoclide. Pendant l'année de leur ſéjour à Sicyone, le Roi s'étudia à connoître les caractères de tous ces Princes, s'informa ſoigneuſement de leurs mœurs, éprouva leur eſprit, tantôt les raſſemblant dans ſon Palais, tantôt s'entretenant avec chacun d'eux en particulier. Enfin le jour de déclarer ſon choix étant venu, il offrit aux Dieux un ſacrifice de cent bœufs, & réunit dans un feſtin tous les prétendants.

Après le repas, il proposa une lutte de Musique & de Poésie. Hippoclide ordonna aux Fluteurs de jouer l'Emmeleia, Saltation tragique, & exécuta cette Danse avec autant de grace que d'habileté. Mais ce talent déplut à Clisthène, qui, spectateur muet, ne laissoit rien échapper de ce qu'il voyoit. Non content de ce début, le fils de Tisandre se fit apporter une table, &, montant dessus, il forma d'abord des Danses Laconiques & Athéniennes; puis, posant la tête sur cette table, & élevant les pieds, il exécuta une Pantomime dans cette attitude, gesticulant avec les jambes aussi facilement que s'il se fût servi des mains. Ce récit, que l'on croira sans doute exagéré (35), fournit néantmoins une preuve de l'ancienneté de l'art Pantomimique, puisque, du temps de Clisthène, c'est-à-dire à-peu-près huit cents ans avant le siècle d'Auguste, il se trouvoit des Saltateurs aussi habiles. Au reste, Hérodote ajoute que les talents d'Hippoclide ne lui furent pas d'une grande utilité dans cette occasion, car le Roi de Sicyone lui refusa sa fille, & la donna à Megagles (36).

VIII. LA Danse Pyrrhique (37), Pantomime militaire (38), remonte à des temps si reculés, que les Auteurs anciens ne s'accordent point sur le nom de son inventeur. Les uns veulent que Minerve l'ait dansée la première, en mémoire de la défaite des Titans, & l'ait ensuite enseignée aux Tyndarides. D'autres en attribuent l'invention aux Curètes (39); quelques-uns à un certain Pyrrhicus Lacédémonien; le plus grand nombre à Pyrrhus fils d'Achille; d'autres enfin à Achille lui-même.

IX. SCALIGER, en traitant des Jeux Pythiens, auxquels je ne m'arrêterai point ici, parce qu'ils ne sont pas de mon sujet, dit que la Danse accompagnoit cette représentation de la victoire d'Apollon, représentation que l'on doit regarder comme le premier essai, comme la substance d'une Pièce dramatique, informe & grossière à la vérité, mais déjà divisée en cinq actes, & composée de narration poétique, de musique imitative, de chœurs, & de saltation (40). *At vero seorsum Saltatio haud illi absimilis edebatur, in totidem actus æque distributa.* Poet. l. 1, c. 23.

X. LES Danses, *Tragique*, *Comique*, *Satyrique* (ἘΜΜΕΛΕΙΑ, ΚΟΡΔΑΞ, ΣΙΚΙΝΝΙΣ) (41), étoient de la plus haute antiquité. L'opinion commune en attribue l'invention aux Satyres, Ministres de Bacchus. Quelques-uns prétendent que le Cordax étoit dérivé des Hyporchemates dont je parlerai tout-à-l'heure, & que l'Auteur du Sicinnis fut un certain Sicinnus, Crétois, ou, ſelon d'autres, Barbare.

XI. Il paroît certain que ce fut Æſchyle qui, le premier, introduiſit la Saltation dans les chœurs tragiques, & ſut les mettre en action. Cette Saltation étoit appellée ΣΧΗΜΑΛΙΣΜΟΣ, de ΣΧΗΜΑ *contenance*, parce qu'elle peignoit les attitudes, le caractère, les affections des perſonnages des chœurs. Le ſommeil, la laſſitude, le repos, le penſer, l'admiration, la crainte, toutes les *pauſes* ou *ſuſpenſions* étoient auſſi de ſon reſſort. Æſchyle vivoit cinq cents ans avant l'Ere vulgaire.

XII. Les Hyporchemates (ΥΠΟΡΧΗΜΑΤΑ), que l'on regarde comme les premiers eſſais de la Saltation grecque, datoient des temps les plus reculés. C'étoient, ainſi que leur nom l'indique, des chants entremêlés de danſes (42), ou plutôt dont on expliquoit le ſujet par des geſtes meſurés. Car, on doit l'obſerver ici, le premier emploi de la Saltation fut d'être unie à la Poéſie. Toutes deux, développées par cette union, ſe prêtoient un ſecours mutuel. Ce ne fut que quand l'art du geſte eut acquis, avec le temps, un plus grand degré de perfection, que ceux qui le cultivoient le ſéparèrent de celui des vers, dont ils dédaignoient l'assistance. Athénée dit expressément que, dans l'origine, les Poètes faisoient usage des figures de la Saltation, mais qu'ils ne les employoient que comme signes représentatifs des images qu'ils peignoient dans leurs vers (43). Les Hyporchemates, qui toutes avoient un caractère noble & grand, étoient communes aux hommes & aux femmes. Les uns veulent qu'elles aient pris naissance chez les Déliens qui les chantoient autour des autels d'Apollon. D'autres en font honneur aux Crétois, à qui disent-ils, Thalès, les enseigna. Pindare nous parle de celles des Lacédémoniens. Ce Poète a composé plusieurs Hyporchemates.

XIII. LES GRECS avoient encore beaucoup d'autres Danses imitatives, dont la plupart leur furent communes avec les Romains, telles que

ΑΔΩΝΙΣ, les Amours d'Adonis & de Vénus.
ΑΙΑΞ, les exploits d'Ajax.
ΑΠΟΛΛΩΝ, les avantures d'Apollon.
ΓΑΝΥΜΗΔΗΣ, l'enlèvement de Ganymède.
ΔΑΝΑΗ, les amours de Jupiter & de Danaë.
ΔΑΦΝΗ, la métamorphose de Daphné (44).
ΔΙΟΣ ΓΟΝΑΙ, la naissance de Jupiter.
ΕΚΤΩΡ, Hector (45).
ΕΥΡΩΠΗ, l'enlèvement d'Europe.
ΗΡΑΚΛΗΣ, les travaux d'Hercule.

ΗΡΑΚΛΗΣ ΜΑΙΝΟΜΕΝΟΣ, Hercule furieux.

ΚΑΡΙΤΕΣ, les Graces.

ΚΡΟΝΟΙΤΕΚΝΟΦΑΓΙΑ, Saturne dévorant ſes enfants.

ΚΥΒΗΛΗ, en l'honneur de Cybèle.

ΚΥΚΛΩΨ, les Cyclopes.

ΜΟΡΦΑΣΜΟΣ, c'étoit l'imitation des mouvements & du cri de toutes ſortes d'animaux (46).

ΝΙΟΒΗ, les malheurs de Niobé (44).

ΣΕΜΕΛΗ, la fin tragique de Sémelé.

ΤΙΤΗΝΕΣ, la guerre des Titans.

Et un grand nombre d'autres auxquelles il ſeroit trop long de m'arrêter ici (47). Les exemples que je viens de donner ſuffiſent pour prouver combien l'art Pantomimique fut cultivé de tous les Peuples de la Grèce.

XIV. Les Acteurs Mimes étoient de toute ancienneté chez les Grecs. Caſſiodore en attribue l'inſtitution à Philiſtion (48), Athénée à Rhadamanthe, ou à Palamède; en un mot, on ne s'accorde point ſur leur origine. On en diſtinguoit de pluſieurs eſpèces, qui portoient des noms divers chez les différents Peuples de la Grèce. Les plus honnêtes étoient nommés *Ethologues* (ce mot, dérivé de Ἠ'ΘΟΣ & de ΛΟΓΟΣ, ſignifie *Peintres de mœurs*) (49). Ils imitoient avec tant de vérité les paſſions & les actions des hommes, que leur jeu étoit une cenſure rigide qui donnoit d'utiles leçons (50). Les Pièces qu'ils repréſentoient étoient appellées ΥΠΟΘΕΣΙΣ ou *Moralités* (51), & oppoſées de caractère aux ΠΑΙΓΝΙΗ farces qui n'avoient d'autre objet que de faire rire (52). Les Grecs donnoient en général le nom de ΘΥΜΕΛΙΚΟΙ à ceux des Mimes qui jouoient ſur les Théâtres. Ce mot eſt dérivé de ΘΥΜΕΛΗ qui ſignifie la ſcène. Les Athéniens ſur-tout ſe diſtinguèrent par leurs jeux ſcéniques (53). Ils avoient une loi qui défendoit aux Pantomimes étrangers de danſer ſur les Théâtres de la Ville, ſous peine d'une amende de mille dragmes. Chez les Lacédémoniens étoient les Mimes appellés *Diceliſtæ*, mot dérivé, ſuivant quelques Auteurs, de ΔΙΟΣ ΕΙΚΕΛΟΝ (la ſtatue de Jupiter). Leur jeu conſiſtoit, à ce que l'on croit, dans des vols ſimulés de fruits. Les Ioniens avoient ceux qu'on nommoit *Cynædologi* ou ΚΥΣΟΛΕΣΧΗΣ, c'eſt-à-dire obſcènes dans leurs diſcours ; les Doriens, ΓΟΡΓΕΙΑ ; les Thébains, ΕΔΗΛΟΝΤΑΙ, (de ΔΕΛΟΩ, je manifeſte) ; on les nommoit auſſi pour la même raiſon *Volones* ou *Volontarii*. Il y avoit encore les Mimes ΣΟΦΙΣΑΙ dont le nom indique le caractère ; ΦΛΥΑΞΑΙ, mot dérivé de ΦΛΥΟΣ bagatelle, ou, ſelon d'autres, du nom que portoit chez les Lacédémoniens, une fille d'Adonis. Enfin, il me reſte à parler des Phallophores, des Hilarodes, des Magodes, des Lyſiodes, des Sotades, des Autocabdales & des Ithyphalles.

LES PHALLOPHORES ou *Phallogoges*, Mimes particuliers aux Sicyoniens, étoient ceux qui portoient le *Phallus* au bout d'une longue pique. Ils ſe couvroient le viſage d'une eſpèce de maſque d'écorce d'arbre. Celui qui marchoit à leur tête avoit la figure barbouillée de ſuie. Ils portoient des couronnes de lierre & de violettes, & cette tunique Macédonienne, appellée ΠΕΛΛΗΝΙΚΗ. Les Phallophores chantoient en l'honneur de Bacchus les cantiques que l'on nommoit ΦΑΛΛΙΚΑ, &, par toutes ſortes de geſtes & de contorſions, cherchoient à exciter les riſées du Peuple.

LES HILARODES, nommés auſſi *Simodi*, de Simus, le plus célèbre d'entr'eux, portoient de longues robes blanches & des couronnes d'or. Leur chauſſure étoit une ſimple ſemelle liée ſur le pied avec des cordons. Leur nom, dérivé de ΙΛΑΡΟΣ *joie*, eſt une preuve qu'ils ne repréſentoient que des ſujets gais. En effet, leurs principales fonctions étoient dans les fêtes nommées *Hilaria*, fêtes qui reſpiroient l'allégreſſe, & que l'on célébroit le huit des Kalendes d'Avril, temps auquel les jours commencent à devenir grands. On penſe qu'elles ſe donnoient en l'honneur du Dieu Pan, le créateur de toutes choses. Quoiqu'il en soit, il régnoit dans le jeu des Hilarodes une décence & une noblesse qui tenoient de la Danse Tragique.

LES MAGODES, dont le nom venoit de ΜΑΓΟΣ *Mage*, représentoient des rôles d'homme avec des habits de femme. On croit qu'ils étoient ainsi nommés, parce qu'ils exerçoient l'art magique. Les LYSIODES, qui, comme leur nom le prouve, étoient voués au culte de Bacchus, jouoient des rôles de femme avec des habits d'homme. On lit dans Athénée que Diogène l'Epicurien fut amoureux d'une femme Lysiode. Quelques Auteurs confondent ces deux espèces de Mimes.

LES SOTADES, par les railleries les plus mordantes, déchiroient ceux qui s'exposoient à leur censure. Ils reçurent leur nom de Sotades le Maronite, père d'Apollonius. Ce Mime fut tué, à son départ de l'Egypte, par les sujets de Ptolémée Philadelphe, irrités des Satyres qu'il s'étoit permises contre ce Monarque & sa sœur Arsinoé. Il fut par conséquent contemporain de Théocrite.

LES AUTOCABDALES ou *Adocabdales* portoient des couronnes de lierre, & n'avoient point de masque. On ne sait rien de leur caractère.

LES ITHYPHALLES, ainſi nommés de ἸΘΥΣ *droit* & de ΦΑΛΛΟΣ, portoient en effet le Phallus droit à la manière de Priape. Ils étoient vêtus d'une tunique blanche à manches violettes, &, par-deſſus cette tunique, ils portoient, comme les Tarentins, une draperie de la laine la plus fine qui leur deſcendoit juſqu'aux talons. Leur front étoit ceint de couronnes de fleurs, & leurs mains couvertes d'une ſorte de gands d'un travail recherché. Les Ithyphalles jouoient des rôles d'hommes ivres, & accompagnoient leur Saltation de chanſons libres telles que celles que l'on répétoit dans les Oſchophories ou Fêtes des Feuilles. Ces Mimes étoient forts dévots à Priape.

L'HISTOIRE nous a conſervé les noms de pluſieurs Saltateurs Grecs. J'ai déjà cité Andron de Catane, Philammon de Delphes, Téleſtes, Pyrrhicus, Philiſtion, Rhadamante, Palamède, Simus, Sotades, Menès, Baucus, Baryllicus & Sophron le Mimographe. Xenarque, ſon compatriote, fut auſſi très-célèbre par ſes Mimes. Hegeſandre de Delphes parle du Bouffon Hérodote, ſurnommé *Logomime*, & de l'Hiſtrion Archelaus, qui, tous deux, furent favoris du Roi Antiochus; Cratinus fait mention d'un Saltateur nommé Bulbus; le Mime Zénon de Crète fut favori d'Artaxerce. Le fameux

fameux Arion de Méthymne, qu'un Dauphin reçut sur son dos, lorsqu'on le précipita dans la mer, fut l'inventeur d'une sorte de Danse. Il y eut un Andronicus, Grec de Nation, & différent de celui qui parut sur les théâtres de Rome. Fabre parle de Satyrus, Histrion tragique, natif de Marathon; Gronovius, au troisième volume de ses Antiquités, nomme Eucharis, célèbre Saltatrice, qui fut contemporaine de Caton le Censeur, & qui se distingua dans la scène grecque; Alexandre, dans sa lettre à Philoxène, cite Théodore & Chrysippe, deux habiles Histrions. On connoît encore Polus, Aristodême, Callipide surnommé le Singe, Orestès, Susarion d'Icarie, Dolon, Helladius, Chrysomale, Cléophante de Thèbes, Céphisodore, Néoptolême contemporain de Philippe de Macédoine, Calliphron qui enseigna son art à Epaminondas, Memphyr, Enyus, Xénophon de Smyrne, célèbre par ses Danses de Bacchus, Botryes, Staphylus, Maro, & les Saltatrices Apaza, Caramalla surnommée la quatrième grace, Helladia de Byzance, Empuse de la même Ville, l'une des plus célèbres Pantomimes grecques, &c.

Les principaux habits des Mimes Grecs (dont la plupart furent aussi en usage parmi les Mimes Romains) étoient les ΚΡΟΚΟΤΑ, tuniques de couleur safranée, que Bacchus porta, dit-on, le premier ΙΖΑΝΗΣ, habits des Satyres; faits de peaux de chèvres, ΚΟΡΤΑΙΟΣ tunique grossière, vêtement des Silènes, ΣΑΓΟΣ habit militaire, ἘΓΚΟΜΒΩΜΑ habit des Esclaves, ΚΙΤΩΝ sorte de tunique, ΕΝΔΥΜΑ autre vêtement, ΚΛΑΜΥΣ casaque de guerre, ΧΡΥΣΟΠΑΣΟΣ vêtement enrichi d'or, ΦΟΙΝΙΣΣΑ tunique Phœnicienne de couleur de pourpre, ΚΑΛΥΠΤΡΑ & ΠΑΡΑΚΑΛΥΠΤΡΑ voiles qui servoient à couvrir la tête, ἘΦΑΠΤΥΣ voile de couleur de pourpre, propre aux Soldats & aux Chasseurs, &c.

DÈS les temps les plus reculés, la Saltation fut en usage dans les festins des Grecs. On en trouve la preuve dans le huitième Livre de l'Odyssée. Antiphanes, Eriphus dans son *Eole*, Alexis dans l'*Isostasion*, en sont encore de sûrs garands. Il n'est pas moins certain que cet Art fut en très-grande estime chez tous les Peuples de la Grèce. On a vu ci-dessus l'éloge qu'en ont fait Socrate (*), Platon, & Chrysippe. Athénée nous apprend qu'Antiochus & Ptolémée Philadelphe ne dédaignèrent point de s'y exercer, même en public. Sophocle, après la bataille de Salamine, dansa autour des trophées du vainqueur, en s'accompagnant de la

(*) ON voit (pl. II, n°. 2) une pierre très-curieuse qui représente Socrate s'exerçant à la Saltation.

lyre. Æſchyle & Ariſtophane dansèrent auſſi dans leurs propres Pièces. Epaminondas, au rapport de Cornélius Népos, excella dans la Saltation. Philippe, Roi de Macédoine, épouſa une Saltatrice nommée Lariſſée, dont il eut Aridéus qui régna après Alexandre : Nicomède, Roi de Bithynie, étoit fils d'une Danſeuſe; enfin le Saltateur Ariſtodême, dont j'ai parlé plus haut, fut envoyé en Ambaſſade chez Philippe de Macédoine.

Les Auteurs Grecs ne tariſſent point ſur les épithètes qu'ils donnent à leurs Mimes, épithètes dont furent honorés à leur tour les Saltateurs Romains. Les plus uſitées ſont : ΚΥΦΟΣ (*ſouple*), ἘΛΑΦΡΟΣ (*agile*), ΠΗΔΗΤΙΚΟΣ, ΕΠΙΔΙΚΤΙΚΟΣ, ἉΛΤΙΚΟΣ (*ſauteur*), ΕΥΑΡΜΟΣΩΣ (*qui eſt propre à ſon rôle*), ΕΥΡ̓ΥΘΜΟΣ (*qui ſuit bien le rhythme*), ΕΥΣΚΑΡΘΜΟΣ (*qui ſaute bien*), ΕΥΧΗΜΩΝ (*décent*), ὙΓΡΟΣ (*voluptueux*), ΠΑΝΤΟΔΑΠΟΣ (*univerſel*), ΔΗΜΑΓΩΓΙΚΟΣ (*qui mène le Peuple à ſon gré*), ΔΗΜΩΤΕΡΠΗΣ, ΟΧΛΟΤΕΡΠΗΣ (*qui plaît à la multitude*), ΠΡΟΧΕΙΡΟΣ, ΤΑΧΥΧΕΙΡΟΣ (*qui a la main agile*), ΤΑΧΥΠΟΥΣ (*dont les pieds ſont alertes*), ΠΟΛΥΣΧΗΜΟΣ (*qui ſait prendre diverſes attitudes*), ἘΝΑΡΓΗΣ, ΔΗΛΟΤΙΚΟΣ (*qui s'exprime clairement*), ΕΝΔΕΙΚΤΙΚΟΣ (*qui déſigne*), ΕΥΤΡΕΠΤΟΣ (*qui ſait varier ſes geſtes*), ΕΥΤΡΑΠΕΛΟΣ (*doux*),

ΕΥΚΟΛΟΣ (*qui a un jeu facile*), ΕΥΚΑΜΠΥΛΟΣ (*qui ſe plie aiſément*), ΕΠΙΚΛΕΙΟΜΕΝΟΣ (*qui célèbre*), ΕΥΚΕΦΑΛΗ (*qui porte bien ſa tête*), ΕΥΦΟΡΟΣ, ΕΥΤΑΚΤΟΣ (*qui ſe tient bien*), ΙΣΟΦΟΡΟΣ, ΛΥΤΙΣΤΙΚΟΣ &c. &c. Par ces différentes épithètes, les Grecs conſidéroient les Saltateurs ſous toutes ſortes de faces : ils diviſoient de même leur art en une multitude de parties, ſuivant qu'il avoit tel ou tel objet, tel ou tel caractère.

Les recherches que nous venons de faire ſur la Saltation des Grecs, ſont plus que ſuffiſantes pour prouver qu'ils eurent une connoiſſance très-étendue de l'art Pantomimique. Jettons maintenant un coup-d'œil rapide ſur les uſages de pluſieurs autres Nations, & ce court examen achèvera de nous convaincre que l'art du Geſte fut connu dans tous les lieux & dans tous les temps.

1°. Les Egyptiens connurent très-anciennement la Saltation. Je n'en veux pour preuve que la fable de Protée qui fut un Roi d'Egypte. Le pouvoir qu'on lui attribue de prendre, lorſqu'il le vouloit, toutes ſortes de formes, n'eſt qu'une allégorie ingénieuſe de l'habileté de ce Prince dans l'art Pantomimique. Les Egyptiens avoient inſtitué, en l'honneur du Dieu Apis, des Danſes ſacrées, où ils exprimoient ſucceſſivement & la douleur de l'avoir perdu,

& la joie de l'avoir retrouvé. J'obſerverai à ce ſujet que, chez ce Peuple, la Danſe fut toujours liée aux cérémonies religieuſes, & que les loix fondamentales du culte en avoient déterminé l'uſage & le caractère. Platon loue avec raiſon une inſtitution ſi ſage & ſi utile pour le maintien des mœurs.

2°. LA Saltation fut en uſage chez les HÉBREUX. L'Ecriture en fournit pluſieurs témoignages. La fille de Jephté célébra par des Danſes le retour de ſon père. David danſoit devant l'Arche d'Alliance. Au reſte, il paroît que cet art étoit en mépris du temps du Roi Prophête, puiſque Michol le blâma de ſe compromettre ainſi devant le Peuple (54). Néanmoins nous trouvons depuis la Saltation admiſe dans les feſtins des Juifs du temps de Jéſus. *Et cum dies opportunus accidiſſet, Herodes natalis ſui cœnam fecit Principibus & Tribunis, & primis Galileæ. Cumque introiſſet filia ipſius Herodiadis, & ſaltaſſet, & placuiſſet Herodi, ſimulque recumbentibus; rex ait puellæ, pete à me quodvis, & dabo tibi.* Marc. Evang. c. 6, 21.

3°. LES ARABES & les anciens PERSANS eurent des Danſes figurées & imitatives. Les Perſes modernes en ont encore aujourd'hui du genre des Pantomimes (55). Les Ethiopiens alloient au combat en danſant; les Indiens célébroient le lever du Soleil par des Danſes qui imitoient le cours & les révolutions de cet Aſtre.

4°. LES CHINOIS ont eu de tous temps des Danſes religieuſes. Ces Danſes ſont imitatives & font une partie eſſentielle du culte. L'art du Geſte eſt eſtimé chez les Chinois d'une ſi grande importance, que ce Peuple a pour maxime qu'on *peut juger du règne d'un Souverain par les Danſes qui ont eu cours de ſon temps* (56). Extr. des Hiſt. Chin., publ. par M. Goguet.

5°. TOUT le monde connoît les Danſeuſes de SURATE. Au ſon de petits tambours appellés *Gomgom*, de vielles, & d'une eſpèce de fifres, elles exécutent des Danſes pantomimes, en chantant des paroles analogues au ſujet qu'elles repréſentent. C'eſt tantôt un Amant qui fait à ſa Maîtreſſe une tendre déclaration, tantôt une vieille chargée d'un meſſage d'amour. Ces filles, ſi ſéduiſantes qu'elles parviennent à captiver les Européens mêmes, ſavent imiter avec un art étonnant toutes ſortes de caractères & de paſſions, par leurs mouvements, leurs geſtes & leurs pas. *Voyez le Voyage aux Indes Orientales, par J. H. Groſe.*

NOUS trouvons chez les GOTHS & chez tous les anciens Peuples du Nord, des Danſes Pantomimes, des Pyrrhiques, & d'autres Saltations absolument semblables à celles des Ethologues Grecs (57).

7°. ENFIN, parmi les autres preuves que je pourrois apporter que l'art Pantomimique a été connu de tous les Peuples du monde, celle que je vais donner est sans contredit la plus décisive, puisqu'elle se trouve chez des Sauvages indépendants, resserrés dans une petite contrée de l'Amérique, & qui certes n'eurent jamais avec les Romains aucune relation.

» UNE seconde espèce de Danse (chez les » IROQUOIS) est celle des PANTOMIMES, qui » consiste à représenter une action de la ma- » nière dont elle s'est passée, ou telle qu'ils » l'imaginent. Plusieurs de ceux qui ont vécu » chez les Iroquois, m'ont assuré que souvent, » après qu'un Chef de guerre a exposé à son » retour tout ce qui s'est passé dans son expé- » dition, & dans les combats qu'il a livrés ou » soutenus contre les ennemis, sans en omettre » aucune circonstance, alors tous ceux qui sont » présents à ce récit se lèvent tout d'un coup » pour danser, & représentent ces actions avec » beaucoup de vivacité, comme s'ils y avoient » assisté, sans néantmoins s'y être préparés, » & sans avoir concerté ensemble «. (*P. Lafitau, Mœurs des Sauvages*).

DE LA SALTATION

CHEZ LES ROMAINS;

DES *LUDIONS*, DES *HISTRIONS*, DES *MIMES*.

J'AI PROUVÉ dans les ſections précédentes que l'on doit rapporter l'origine de l'art Pantomimique aux premiers temps du monde; & qu'il eſt également facile de démontrer la vérité de cette opinion, ſoit qu'on n'employe que des raiſonnements tirés de la nature même des choſes, & formés par la logique la plus ſaine, ſoit que l'on s'appuie de l'autorité irréfragable des plus anciens Auteurs. Maintenant il eſt temps d'examiner quels furent les commencements & les progrès de cet art chez les Romains. Nous verrons par quel degré les Mimes, d'abord groſſiers & mal habiles, acquirent inſenſiblement un talent ſupérieur, & furent enſuite admis au Théâtre où ils remplirent les entr'actes de la Tragédie & de la Comédie; comment, après ces premiers ſuccès, dédaignant le ſecours de la Poéſie, ils repréſentèrent eux ſeuls des actions dramatiques, prirent le nom de Pantomimes, & portèrent leur art à un degré de perfection qui nous paroît preſque fabuleux, tant nous ſommes éloignés de l'atteindre. Le plus beau génie dont la ſcène Pantomime puiſſe s'honorer, M. Noverre, avoit tenté de tirer la Danſe de cette léthargie profonde dans laquelle elle languiſſoit parmi nous. Mais, quoique ſes écrits éloquents aient opéré ſans doute d'heureux changements dans le coſtume de nos Danſeurs, dans la compoſition des figures choré-graphiques ; quoique nous ayons admiré les Ballets pantomimes qu'il a donnés au Théâtre, ſon règne a été trop court pour nous mettre en état de marcher d'un pas aſſuré ſur les traces des Anciens ; &, ſoit par l'incapacité des Acteurs, ſoit par l'influence de nos préjugés, ſoit par d'autres raiſons que je développerai ailleurs, la Danſe perdra bientôt tout ce qu'elle avoit acquis de cet homme célèbre ; & retombera inſenſiblement dans cette inſipide monotonie qui la caractériſoit chez nos bons ayeux.

QUAND on parcourt les annales des premiers temps de Rome, on n'y trouve preſque aucune trace de la culture des Beaux-Arts. Cette obſervation n'a rien qui doive ſurprendre. Ce n'eſt point à l'époque toujours orageuſe de la formation des Etats, que les Lettres & les Arts peuvent ſe développer. Enfans du plaiſir, ils fuyent loin du ſang & du tumulte des armes. Ils ne ſe plaiſent qu'au ſein de l'abondance & du repos. Les richesses, le luxe, les accompagnent. Ils fleurissent lorsque l'urbanité prend la place de la rudesse & de la grossièreté, lorsque les mœurs commencent à se policer, ou, disons mieux, à se corrompre. Les premiers Romains, pleins de cette austère vertu, de cette valeur farouche qui font le soutien & la gloire des Etats naissants, méprisoient tout ce qui ne tendoit point à l'utilité publique. Ils n'avoient ni peintures, ni statues, ni théâtres. Romulus, engagé dans des guerres continuelles contre les Sabins, les Véiens, les Fidenates, n'eut guères le loisir d'amuser son Peuple par des Spectacles d'agrément. Aussi ne cultiva-t-il que cette partie de l'art du Geste qui entretient la force du corps & l'agilité des Soldats. Il institua, dit Festus, la Danse appellée *Bellicrepa*, que l'on exécutoit tout armé (58). Numa Pompilius, Prince doux & tranquille, qui n'ouvrit point le temple de Janus, s'attacha à réprimer la férocité des Romains, à policer des hommes qui ne respiroient que rapines & combats. Il donna des loix sages, divisa l'année en douze mois, institua les Vestales, les Flamines, créa un souverain Pontife. Il institua aussi les Prêtres Saliens, au nombre de douze (59). Ces Prêtres, surnommés *Palatins*, du nom de la montagne qu'ils habitoient, étoient dévoués au culte de Mars, dont ils célébroient la fête par des chants & des Danſes, courant dans toute la Ville, & formant des combats ſimulés. Il paroît que cette Danſe armée dérivoit de celle des anciens Curètes, établie, comme je l'ai déjà dit, par la Déeſſe Rhée. Les chants des Saliens (*Saliaria Carmina*) avoient pour objet les Dieux ou les Héros. Ceux-là portoient le nom de la Divinité qu'ils célébroient, les autres ſe nommoient *Axamenta*. Le premier Poème de ce genre fut compoſé par Numa lui-même. Tout le monde ſait que les Saliens portoient un bouclier ſacré, nommé *Ancyle*. L'amant de la Nymphe Egérie feignit que ce bouclier étoit tombé du Ciel, & annonça que rien n'égaleroit la puiſſance de Rome, tant qu'il ſeroit dans ſes murs. Il fit faire en conſéquence pluſieurs boucliers parfaitement ſemblables à celui-là, & les réunit tous enſemble, afin qu'on ne put reconnoître celui qui venoit des Dieux. Tullus Hoſtilius inſtitua douze autres Prêtres Saliens, nobles de naiſſance, qui furent ſurnommés *Agonales* (combattants), & *Collini*, du mont Quirinal ſur lequel ils demeuroient. Cet établiſſement fut dû à un vœu qu'avoit fait le Roi Hoſtilius, dans une guerre contre les Sabins.

Nous trouvons dans Tite-Live l'époque

précise de l'introduction des Jeux scéniques à Rome (60), & par conséquent celle de la Saltation théâtrale dans cette Ville : car on verra que l'art du Geste fut, dès le principe, une partie essentielle des Jeux scéniques.

Jeux Scéniques, première époque.

CET Historien nous apprend que, sous le Consulat de C. Sulpicius Pœticus & de C. Licinius Stolo, c'est-à-dire l'an 390 de Rome, la peste se manifesta dans cette Ville, & moissonna une grande partie de ses Habitants. Aucune puissance humaine ne pouvant modérer ce fléau, on imagina, pour appaiser les Dieux & pour distraire le Peuple, de lui donner le spectacle des Jeux Scéniques. Spectacle nouveau pour une république de Guerriers qui ne connoissoient que les exercices du Cirque. Cet établissement, emprunté des étrangers, fut, comme toutes les autres institutions, peu considérable & assez imparfait dans son origine. Les *Ludions* (61), appellés de l'Etrurie, accommodant leurs gestes au rhythme des flûtes, représentoient divers sujets à la maniere de leur pays (*). Ils n'avoient point de poèmes écrits,

(*) ON peut voir (Pl. II, n°. 1, & pl. III) deux Scènes curieuses de Mimes Etrusques.

& leurs imitations étoient encore vagues & incertaines. Les jeunes gens de Rome prirent goût à cet amuſement & s'y exercèrent. Ils formoient entr'eux des Dialogues *in-promptu*, & leurs geſtes s'accordoient aſſez bien avec leurs rôles. Bientôt les nouveaux Acteurs furent appellés *Hiſtrions*, du mot Toſcan *Hiſter* qui ſignifie un Saltateur, &, aulieu que juſqu'alors ils n'avoient employé que des vers libres, ſemblables aux feſcennins (62), compoſés à la hâte & ſans ordre, ils commencèrent à former des plans, à meſurer leurs geſtes (63), & à régler ſur les loix des flûtes la déclamation de leurs poèmes (64).

VALÈRE MAXIME dit à-peu-près les mêmes choſes que Tite-Live (65), & Plutarque s'accorde avec ces deux Auteurs ſur l'origine des Jeux Scéniques à Rome. Il prétend ſeulement que le mot *Hiſter*, d'où dérive celui d'Hiſtrion, étoit le nom propre du plus habile des Danſeurs que l'on fit venir d'Etrurie (66).

POURSUIVONS, & nous allons trouver dans l'Hiſtorien de Padoue une ſeconde époque à laquelle la Saltation théâtrale acquit un nouveau degré de perfection.

Geste séparé de la Déclamation, deuxième Epoque.

L'AN 514 de Rome, *Livius Andronicus*, Grec de Nation, & d'abord esclave de *Salinator*, qui l'affranchit ensuite en faveur de ses talents, hasarda le premier de composer une action dramatique complette en vers, & voulut la représenter lui-même, réunissant, suivant l'usage du temps, les caractères de Poète, de Musicien & d'Acteur. Mais les Romains, charmés de plusieurs beaux morceaux de sa pièce, la lui firent répéter tant de fois, qu'il perdit la voix, & se vit hors d'état de déclamer davantage. Alors il obtint la permission de faire chanter son Poème par un jeune Esclave placé devant le Joueur de flûte, tandis que lui feroit les gestes convenables aux paroles. Cette innovation, loin de déplaire, eut un très-grand succès. Le jeu d'Andronicus parut plus animé, son action n'étant plus partagée entre la déclamation & le geste (67). De-là naquit l'usage d'affecter à chaque rôle deux Acteurs, dont l'un récitoit, tandis que l'autre gesticuloit; ce que Tite-Live appelle *ad manum cantare* (68), & cet usage prévalut tellement depuis, que les Histrions ne récitèrent plus eux-mêmes que les vers des dialogues (69).

ANDRONICUS doit être regardé comme le père de la poésie dramatique chez les Romains. Il fut le premier lui donner une forme régulière. Aucune de ses pièces n'est parvenue jusqu'à nous (70); mais on peut juger qu'elles étoient d'une grande simplicité, puisqu'il les représentoit seul avec un Déclamateur. Néanmoins il ne faut pas conclure de-là que ses Drames ne fussent composés que d'un seul rôle. Il changeoit de masque & d'habillement, suivant le caractère des personnages qu'il avoit à représenter. Quoique le talent de jouer à la fois plusieurs rôles exige beaucoup de naturel & de facilité, qualités qui ne devoient pas être communes parmi les premiers Histrions, cependant il est certain que cet usage naquit avec la Comédie ancienne. La raison en est simple. Les pièces à plusieurs rôles joués par un seul Acteur, ne peuvent jamais être qu'une suite de scènes détachées & dénuées d'intrigue. Or, cette partie de l'art dramatique étant une des plus difficiles à développer, dut être ignorée dans le principe, & ne fut connue que par cette succession de temps qui amène les arts à leur perfection. On commença donc par les pièces *à tiroir*, telles que celles d'Andronicus. Cet homme célèbre ne borna pas ses talents au théâtre. Il traduisit les poèmes d'Homère, &

en écrivit un ſur la ſeconde guerre punique. Ce dernier Ouvrage lui mérita une ſtatue pendant ſa vie. Il repréſentoit ſes pièces ſous le portique du Temple de Pallas.

TANDIS qu'inſenſiblement le ſpectacle des Hiſtrions s'épuroit, ſe perfectionnoit, & que ce qui, dans le principe, n'avoit été qu'un ſimple amuſement, devenoit peu à peu un art difficile & compliqué (le geſte étant toujours ſéparé de la déclamation); les jeunes gens de Rome continuèrent à former entr'eux de petits divertiſſements dans le genre ancien, composés de ſcènes bouffones écrites en vers. Ces divertiſſements furent liés aux pièces Atellanes (71), que les Romains empruntèrent des Oſques (72). Ce genre de Spectacle tenoit beaucoup des pièces ſatyriques des Grecs; mais, du moins dans les commencements, il ne bleſſoit point les mœurs. Auſſi la jeuneſſe Romaine ne permit-elle jamais aux Hiſtrions de jouer les Atellanes, dont les Acteurs avoient le privilége de ne point être changés de Tribus, & de pouvoir embraſſer l'état militaire (73). On repréſentoit à Rome les Atellanes après les Tragédies; ce qui leur fit donner le nom d'*Exodia*, & aux Acteurs de ces pièces celui d'*Exodiarii*.

ON SAIT qu'Æſchyle ayant fait paroître dans ſa Tragédie des Euménides un chœur de de cinquante Furies portant des torches enflammées, cet endroit de la pièce fit une telle impression sur les Spectateurs, que des enfants furent frappés de mort, & que des femmes enceintes accouchèrent de frayeur. Ce tragique évènement, & peut-être plus réellement encore les dépenses énormes qu'exigeoit ce genre de Spectacle, obligèrent les Athéniens à réduire à quinze personnages ces chœurs si terribles & si nombreux. Depuis cette époque, ils perdirent toute leur majesté, dégénérèrent, & tombèrent enfin dans un tel avilissement, que le Sénat d'Athènes les supprima entièrement dans les Comédies, & ne les conserva que dans la Tragédie, où la gravité du sujet les avoit préservés d'une licence aussi effrénée.

Saltation admise dans les entr'actes de la Comédie; troisième Epoque.

LES ROMAINS, qui furent dans tous les Arts les imitateurs des Grecs, & qui connurent la Comédie avant la Tragédie, adoptèrent l'usage, récent chez les Athéniens, de faire des Comédies sans chœurs. Mais, pour en remplir les entr'actes, ils s'avisèrent d'introduire sur la scène des Joueurs de Flûte. Ensuite ils y ajoutèrent des Histrions, qui amusoient les

Spectateurs par leurs geſtes. Bientôt on reconnut que ces ſortes d'intermèdes, qui n'avoient d'autre objet que de remplir un vuide, détournoient l'attention du ſujet principal. Pour remédier à cet inconvénient, des Hiſtrions intelligents, ou plutôt des MIMES (car puiſque leur objet étoit d'imiter, il fut tout naturel qu'on leur donnât le nom d'Imitateurs), des Mimes, dis-je, accompagnés de Joueurs de Flûte, eſſayèrent de repréſenter par leurs geſtes le ſujet de l'acte qu'on venoit de jouer; & ce langage muet parut bientôt plus expreſſif que le récit ordinaire, où l'Acteur, occupé à la fois de ſa démarche du geſte & de la déclamation, ne donne ſouvent ſes ſoins à l'une de ces parties qu'aux dépens des autres, ou les affoiblit toutes par la trop grande contention de ſon eſprit.

Saltation ſéparée de la Comédie; quatrième Epoque.

LES ROMAINS, enthouſiaſmés de ce nouveau genre d'Imitation, le préférèrent bientôt à l'ancien Spectacle. Enhardis par ce ſuccès, les Mimes ſe ſéparèrent de la Comédie, & dreſsèrent un Théâtre particulier, où ils repréſentèrent des pièces d'un genre neuf, auxquelles ils donnèrent leur nom (74). Dans cette ſorte de

Spectacle, il paroiſſoit ſur la ſcène deux Acteurs, dont l'un récitoit les vers de la pièce, tandis que l'autre, qu'on appelloit proprement Mime, exprimoit par ſes geſtes le ſens des paroles que le Déclamateur prononçoit (75).

Je prie le Lecteur de s'arrêter un moment ſur la progreſſion que je lui préſente. Les Romains, Peuple belliqueux & féroce, ne connoiſſoient point l'art du Théâtre. Dans une calamité publique, des Bateleurs ſont appellés d'Etrurie, & repréſentent des farces groſſières, déclamant & geſticulant tout à la fois. Dès ce temps-là, ſans doute, leur principal mérite conſiſtoit dans les geſtes, puiſque le mot *Hiſter* ſignifie un Saltateur. La jeuneſſe de Rome prend goût à ce Spectacle nouveau pour elle, & s'eſſaye à imiter les Hiſtrions. Ceux-ci ſe perfectionnent peu-à-peu. Enfin Andronicus, tout à la fois Poète Muſicien & Acteur, écrit le premier des Fables dramatiques imitées des pièces ſatyriques des Grecs, & donne à ſes plans une liaiſon & une régularité inconnues juſqu'alors. Un évènement fâcheux arrivé à ce Poète change tout-à-coup le jeu de la ſcène. La Déclamation eſt partagée entre deux Acteurs, dont l'un récite & l'autre geſticule (76). Cette innovation réuſſit. Les Hiſtrions ſont employés à remplir les entr'actes de la Comédie.

Ils deviennent assez habiles pour en imiter les scènes & les caractères par leurs gestes, & cette imitation leur fait donner le nom de Mimes. Leurs succès augmentent, & enfin ils se séparent de la Comédie, dressent un Théâtre, & représentent eux seuls un nouveau genre de pièces, auxquelles ils donnent leur nom.

CETTE progression ainsi développée jette un grand jour sur l'Histoire de la Saltation Théâtrale. Elle nous en montre les progrès, & nous conduit, par une succession non interrompue, aux *Pantomimes*, c'est-à-dire aux Mimes parvenus au plus haut dégré d'habileté, que nous verrons paroître sous le règne d'Auguste, & élever un nouveau Théâtre sur les ruines des anciennes pièces Mimes, tombées dans l'avilissement par la licence qui y régnoit (77); ce qui forme la cinquième époque de l'Histoire Mimographique des Romains.

EN suivant cette route, on pourra débrouiller aisément tout ce qu'il y a d'obscur dans l'origine de l'art Pantomimique, & l'on évitera toutes les contradictions, toutes les inconséquences dans lesquelles sont tombés les Auteurs qui ont écrit sur cette matière. On appercevra la cause de la diversité des opinions de Suidas, de Zozyme, de Ferrare, de Saumaise, de Calliaque, ou plutôt ces opinions opposées ne paroîtront plus en former qu'une seule, dès qu'on aura écarté les distinctions frivoles qui ont égaré ces Auteurs. Au reste, il s'en faut de beaucoup que la marche que je viens de tracer soit idéale. J'ai pour garant du sentiment que j'avance un fragment de Suétone rapporté par Dioméde. Cet Historien dit expressément que, dans les premiers temps, toutes les imitations de la scène étoient réunies dans la Comédie; car, ajoute-t-il, les Mimes & les Joueurs de Flûte y étoient employés. Mais tous les Acteurs ne pouvant pas également y déployer leurs talents, les Histrions, qui étoient les plus riches ou les plus puissants, faisoient donner à leurs rôles les parties les plus brillantes. D'où il arriva que les Mimes, ne voulant point le céder aux Comédiens, & dédaignant de prêter leur secours à ceux qu'ils regardoient comme leurs inférieurs, s'en séparèrent, &, l'exemple une fois donné, chacun exerça son talent séparément, & les Acteurs comiques se trouvèrent seuls (78).

Les pièces Mimes étoient dans le principe une imitation fidèle des discours & des actions des hommes (79). Les Poètes se faisoient un devoir d'y jouer eux-mêmes le principal rôle. On les appella ΒΕΟΛΟΓΟΙ ou *peintres des mœurs*, ΑΡΕΤΑΛΟΓΟΙ *hommes qui donnent des préceptes de vertu* (80). Les plus célèbres d'entr'eux furent Décimus Labérius (81), & Publius Syrus (82). Le premier étoit Chevalier Romain, & vivoit du temps de Jules-César (83). Nonobstant l'usage dont j'ai parlé tout-à-l'heure, sa naissance ne lui permettoit pas de paroître sur la scène. Mais le vainqueur des Gaules le sollicita si vivement de représenter lui-même une de ses pièces, que ce Poète, presque sexagénaire, fut obligé de céder aux instances de l'homme puissant. Laberius se plaignit de cette violence (84), du ton le plus pathétique & le plus touchant, dans le prologue de sa pièce. Après la représentation, César, pour effacer la tache dont il venoit de le flétrir, lui donna un anneau d'or & cinq cent mille sesterces (85). Mais, lorsqu'ensuite Laberius voulut aller reprendre sa place parmi les Chevaliers, ils se tinrent de telle manière qu'il n'en trouva point. Cicéron, par allusion au grand nombre de Chevaliers qu'avoit créé César, dit au Mimographe : *si je n'étois moi-même assis trop à l'étroit, je t'eusse fait siéger à côté de moi* (86).

Le Prologue de Laberius, ou plutôt le fragment que Macrobe nous en à conservé, est si beau, si touchant, si éloquent, que je n'ai pu résister à l'envie de le traduire.

» ? Ou m'a réduit, au déclin de mes jours,

» cette fatale nécessité dont le choc rapide ren-
» verse nos desseins ; que tant de mortels ont
» voulu fuir, & qu'un si petit nombre a su évi-
» ter. Moi que, dans mes jeunes ans, nulle
» ambition, nul intérêt, nulle crainte, nulle
» force, nulle autorité, n'auroient pu émou-
» voir ; me voilà, dans ma vieillesse, vaincu
» par les douces instances, par les vives solli-
» citations de ce grand homme qui m'honore de
» son amitié. Et quand les Dieux eux-mêmes
» n'ont pu lui résister, ? oserois-je, moi qui ne
» suis qu'un homme, me refuser à ses prières.
» Ainsi donc, après soixante ans d'une vie sans
» tache, sorti Chevalier Romain de ma maison,
» j'y rentrerai Comédien. ! Malheureux, j'ai
» vécu trop d'un jour. O fortune, également
» immodérée & dans les biens que tu nous pro-
» digues & dans les maux dont tu nous acca-
» bles, puisque tu pouvois arracher les lauriers
» qui ceignent mon front, flétrir en un mo-
» ment la gloire que mes vers m'avoient ac-
» quise, ? que ne m'as-tu courbé à tes desseins
» lorsque tous mes membres jouissoient de leur
» première vigueur, lorsque, dans mon Prin-
» temps, j'eusse pu mériter les suffrages du
» Peuple & ceux de César. ? Maintenant où
» m'égares-tu. ? Quels dons précieux de la
» nature apporté-je sur la scène. ? Puis-je

» prétendre à la beauté du corps, à la noblesse » du maintien, à la vivacité de l'action, au » charme d'un organe agréable. Tel on voit » le lierre flexible qui croît au pied d'un arbre, » s'élever en serpentant autour de sa tige; il » l'enlace de ses replis sans nombre, arrête les » progrès de la sève, l'épuise & le tue; ainsi » la froide vieillesse est sur mon front, & » m'accable du poids des années. Semblable » à ces vains monuments qui ne renferment » qu'une cendre insensible, je n'ai plus rien » de moi que mon (87) «.

Les pièces Mimes ne conservèrent pas long-temps la faveur qu'elles avoient obtenue. Insensiblement elles se corrompirent. Les Auteurs & les Acteurs se relâchèrent de leur première décence. Leurs Poèmes devinrent obscènes, leurs gestes lascifs. Ovide, pour excuser la trop grande liberté de ses vers, accuse les Mimographes d'en faire de plus libres encore (88). Les Marseillois ne voulurent point ouvrir leurs théâtres aux Mimes, de crainte que l'obscénité qui régnoit dans leurs pièces ne corrompît leurs mœurs (89). La même licence s'introduisit dans leurs plans. Ce n'étoit plus que des farces grossières, sans suite, sans régularité, sans liaison. Cicéron, parlant d'une information faite à la hâte & confusément, dit qu'elle s'étoit terminée comme une piéce Mime (90). Diomède définit ces ſortes de pièces, *Sermonis cujuſlibet motus ſine reverentia, vel factorum cum laſcivia imitatio.* En un mot la plupart des Auteurs nous les repréſentent comme un Spectacle ſans caractère, ſans intrigue, ſans dénouement, un mélange ridicule de bons-mots, de ſentences, de ſatyres & d'obſcénités.

CETTE opinion me paroît devoir être modifiée. Je ſuis très-perſuadé que l'on doit adopter pour les pièces Mimes des Romains la même diſtinction que j'ai établie pour celles des Grecs; c'eſt-à-dire qu'il faut croire que, avant le développement des Pantomimes, on jouoit à Rome des Mimes burleſques qui n'avoient d'autre objet que de faire rire (*), & des Mimes morales ou dramatiques qui repréſentoient quelque action ſuivie. Il n'eſt guères poſſible de ne point admettre ce ſentiment, quand on parcourt attentivement les fragments des anciens Mimographes. Et lorſque l'on voit les Auteurs anciens ſe ſervir indiſtinctement des mots *Mimus* & *Pantomimus* (91), ? peut on croire

(*) ON peut s'en convaincre aiſément par l'inſpection des planches IV, V & VI, qui repréſentent des Mimes bouffons.

que les Mimes n'aient été tous que d'insipides Batteleurs, indignes de l'attention d'un Spectateur éclairé.

On divisoit les Mimes Romains en deux classes, *Mimi urbani* les Mimes publics, & *Mimi domestici* les Mimes domestiques ou privés. Les premiers étoient aussi nommés *Planipedes*, parce qu'ils paroissoient sur la scène pieds nuds. Ils n'avoient point de masques; & se couvroient le corps de tuniques grossières faites de peaux de bêtes (92). On les appelloit encore *Sanniones*, de *Sanna* qui signifie raillerie, & *Gelasiani* ou *Gelasimi*, par allusion aux petites cavités qui se forment aux coins de la bouche lorsque l'on rit, & qui se nomment en latin *Gelasini* (93). Les femmes se mêloient aussi du métier de Mimes. (*Voyez Horace, l.* 1, *sat.* 2) (94).

Dans les jeux en l'honneur de la Déesse Flore, il paroissoit sur le théâtre des femmes Mimes nues, qui, par des attitudes lascives & des gestes indécents, formoient le spectacle le plus obscène. Valère Maxime nous a conservé sur ce sujet une anecdote précieuse, qui prouve le pouvoir irrésistible de la vertu sur les cœurs les plus corrompus. M. Porcius Caton assistoit aux Jeux Floraux que l'Edile Messius faisoit célébrer. Après les autres solemnités, le Peuple attendoit avec impatience les Mimes ; mais elles n'osèrent point paroître devant Caton, tant ce grand homme inſpiroit de reſpect. Son ami Favonius l'ayant averti de l'embarras que cauſoit ſa préſence, il ſe leva & ſortit du Théâtre, pour ne point priver le Peuple de ſes plaiſirs, ni ſouiller ſes yeux d'un ſpectacle infâme. La multitude le ſuivit avec de grandes acclamations, & dès ce moment les Jeux furent rétablis dans leur antique pureté (95).

LA Saltation étoit encore admiſe dans les Mégaléſies en l'honneur de Cybèle, dans les Jeux Capitolins, dans ceux du même nom qu'inſtitua Domitien, dans les Jeux Apollinaires, dans ceux dits *Romani*, dans les Jeux Séculaires, dans les Quinquenniens, dans les Décenniens, dans les Jeux triomphaux & dans les Juvénales inſtituées par Néron. On vit, dans ces derniers Jeux, danſer, à l'âge de 80 ans, une fille de haute naiſſance & très-riche, nommée Ælia Catula.

LES Saltateurs faiſoient en outre partie de ce que l'on appelloit la pompe des Jeux, *Ludorum Pompa*, qui avoit lieu dans les triomphes. Ils y paroiſſoient après les Athlètes, & étoient diviſés en trois bandes, l'une des hommes faits, l'autre des adoleſcents, la troiſième des enfants. Leur habit étoit une tunique de pourpre, ſerrée par une ceinture garnie d'airain à laquelle étoit ſuſpendue une épée. Ils étoient armés de courtes lances, & les hommes avoient un caſque d'airain ſurmonté d'un panache. Ainſi vêtus, & précédés de leur Chef, ils formoient une danſe militaire, du genre des Pyrrhiques grecques. Après eux paroiſſoient les Satyres qui exécutoient le *Sicinnis*, & s'étudioient à parodier les danſes ſérieuſes des autres Saltateurs. Leur habit étoit tel que je l'ai décrit ailleurs.

LES Mimes privés ſervoient à l'amuſement des riches, ou au culte des Dieux dont ils étoient les paraſites (96). Lorſque le luxe eut corrompu les Romains, ils cherchèrent à réunir tous les plaiſirs des ſens. A la Muſique qu'ils avoient introduite dans leurs repas, ils joignirent bientôt les Mimes (97). Souvent ces Mimes rempliſſoient les plus viles fonctions (98). Les deſcendants de Fabricius parvinrent à un tel degré de délicateſſe & de ſenſualité, que leurs eſclaves les ſervoient à table avec des geſtes meſurés, & qu'ils déterminèrent des mouvements & des attitudes particulières pour découper chaque eſpèce de viande. On auroit peine à croire un pareil rafinement, ſi l'on n'avoit pour garant de ce fait Juvenal (99). L'inſcription, n°. XXXVII, que je rapporterai ci-après, prouve qu'il y eut des femmes Mimes privées.

Je n'ai plus qu'un mot à dire sur les Archimimes. Quelques Auteurs ont voulu que ce fussent les chefs des Mimes, ainsi que leur nom semble l'indiquer. Mais, suivant l'opinion la plus commune, c'étoient des Histrions qui servoient dans les funérailles où ils marchoient après les Affranchis. Couverts des habits du défunt, & d'un masque qui rappelloit les traits de son visage, ils représentoient par des gestes toutes les actions bonnes ou mauvaises de sa vie. Ils ne faisoient ni tort ni grace, & leur jeu muet étoit, ou un éloge public, ou une censure non-équivoque de tous les Citoyens, suivant qu'ils avoient bien ou mal mérité de la Patrie (100).

Combien un pareil usage seroit plus puissant que l'inutile terreur de peines imaginaires, pour retenir l'homme dans le sentier pénible de la vertu. Mais hélas rien ne peut l'arrêter lorsque les passions l'égarent. Envain voudriez-vous leur opposer un frein, leur voix impérieuse étouffe presque toujours les foibles & tardifs soupirs de la raison.

On voit par la trente-huitième inscription que j'ai rapportée, qu'il y eut des femmes Archimimes.

DES PANTOMIMES;

DE PYLADE, DE BATHYLLE, &c.

J'AI MONTRÉ dans la ſection précédente l'origine & les progrès de la Saltation théâtrale à Rome. J'ai fait voir par quels dégrés les Mimes parvinrent à repréſenter eux ſeuls des actions dramatiques, excitèrent d'abord l'enthouſiaſme du peuple Romain par la nouveauté du ſpectacle qu'ils lui préſentoient, ſe livrèrent enſuite à la licence la plus effrénée, & tombèrent inſenſiblement dans le mépris & dans l'aviliſſement. Les choſes étoient dans cet état, lorſqu'il ſe fit une révolution importante dans l'art du Geſte. Quelques Mimes, plus honnêtes que les autres, & doués d'une imagination vive, entreprirent de rétablir la Saltation théâtrale dans ſon ancienne ſplendeur, & d'en augmenter l'énergie, en développant tous les moyens d'expreſſion dont elle eſt ſuſceptible. ? Cette révolution fut-elle antérieure a Pylade, ou bien cet homme célèbre en fût-il le moteur ¿; c'eſt ce ſur quoi nous n'avons aucune autorité déciſive (101). Cependant il y a lieu de croire qu'il ne fut pas le premier qui perfectionna l'art du Geſte : car Octave lui demandant un jour ce qu'il y avoit ajouté; *des chalumeaux*, *des flûtes*, *& des chœurs*, répondit-il (102), en se servant d'un vers de l'Iliade; répartie que l'on ne doit point néantmoins prendre à la lettre. Au reste, comme le nom de Pantomime fut inconnu avant Pylade (103), & que d'ailleurs il laissa bien loin derrière lui tous ceux qui l'avoient précédé, c'est par lui que nous commencerons l'examen de l'histoire des Pantomimes, de leurs progrès, & de leur fortune.

PYLADE, ce Saltateur célèbre, dont la gloire égala celle du Romain le plus illustre, étoit natif de Cilicie, & fut esclave d'Auguste qui l'affranchit. Suidas veut qu'il ait reçu le jour dans la ville de Mistharnes. D'autres l'ont cru originaire de Thèbes en Egypte, d'après un passage d'une épigramme d'Antipater qu'ils ont mal interprété (104). Ce passage signifie seulement que Pylade transporta sur la scène d'Italie les fêtes théâtrales de Bacchus qui se célébroient à Thèbes; ainsi l'on n'en pourroit tirer d'autre conséquence si ce n'est que ce Pantomime avoit été à Thèbes. D'ailleurs il est ici question de Thèbes en Béotie, & nullement de Thèbes en Egypte. Au reste la vérité est que nous n'avons aucune notion certaine sur le nom de la Ville où naquit Pylade. Cet Histrion ayant fait une étude approfondie des trois genres de Saltation usités avant lui, en composa un quatrième qu'il nomma Danse *Italique* (105) : non que cette Saltation fut simplement un mélange des trois autres; mais, plus étendue, plus variée, plus énergique, elle en réunissoit les divers caractères, & se prêtoit également à toutes les passions, à toutes les affections de l'ame. Pylade écrivit un ouvrage sur son art; & il seroit bien à désirer que le temps nous l'eût conservé, pour nous instruire plus particulièrement des moyens dont il se servoit pour imiter, car nous n'avons là-dessus que des notions très-confuses.

Ce Pantomime eut un rival dangereux, un ennemi irréconciliable, Bathylle. Il étoit natif d'Alexandrie (106); & fut esclave de Mécènes qui l'affranchit. Tacite nous apprend qu'il y eut entre Bathylle & le protecteur des lettres une liaison plus qu'intime (107). Egalement habiles, également chers aux Romains, les deux Saltateurs luttoient sans cesse l'un contre l'autre. Chacun excelloit dans un genre particulier : Pylade dans les scènes graves, sérieuses, & qui tenoient de la Tragédie; Bathylle, pour les sujets riants & voluptueux, du genre de la Comédie (108). Sénèque & Plutarque attestent ce fait (109). Mais la jalousie les faisoit souvent s'écarter des genres qui leur convenoit le

mieux

mieux. Bathylle ayant repréſenté une pièce intitulée *Pan & les Satyres au Banquet de l'Amour*, Pylade, pour l'imiter, donna auſſi un Banquet, celui de Bacchus aux Satyres & aux Bacchantes.

PYLADE eut un autre concurrent non moins redoutable dans ſon Elève HYLAS, que l'on ne doit point confondre avec Bathylle, comme l'ont fait mal-à-propos quelques Auteurs. Hylas acquit un ſi grand talent, que ſouvent on ne ſavoit auquel du Maître ou de l'Elève donner la préférence (110). Auſſi leur jalouſie éclatoit ſans ceſſe. Macrobe nous raconte qu'un jour Hylas (111), pour exprimer ces mots d'un Monologue, *le grand Agamemnon*, faiſoit les geſtes d'un homme qui meſure un autre homme plus grand que lui. Pylade qui étoit préſent ſe lève & lui crie : *Tu le fais long, mais non pas grand*, ΣΥ ΜΑΚΡΟΝ, ΟΥ ΜΕΓΑΝ ΠΟΙΕΙΣ. Auſſitôt le Peuple obligea Pylade de monter ſur la ſcène & de jouer le rôle d'Hylas. Parvenu à l'endroit que je viens de citer, il repréſenta Agamemnon plongé dans une méditation profonde; perſuadé que c'étoit l'attitude qui déſignoit le mieux un Monarque, que ſes fonctions importantes doivent occuper ſans ceſſe (112).

LES démêlés de Pylade & de Bathylle occupoient les Romains autant que les affaires les plus importantes de l'Etat. Ils étoient tous ou Bathylliens ou Pyladiens (113). En parcourant l'Histoire des troubles qu'excitèrent ces deux Histrions, on croit lire celle de ce Peuple léger dont les querelles sur la musique ont été si longues, si opiniâtres, & sur-tout tellement vuides de sens, qu'on ignoroit encore sur quels points rouloit la dispute, lorsque le Philosophe de Genêve écrivit cette fameuse lettre à laquelle on n'a point fait de solide réponse. Auguste réprimandant un jour Pylade sur ses rixes continuelles avec Bathylle; *César*, lui dit le Saltateur, *il est de ton intérêt que le Peuple s'amuse de nos querelles; elles l'empêchent de prendre garde à tes actions.* Réponse hardie sans doute, mais qui prouve combien les disputes des Pantomimes occupoient les Romains. Nous voyons même qu'ils furent sur le point de se révolter lorsqu'Auguste exila Pylade, & que le maître du monde, pour les appaiser, fut contraint de rappeller cet Histrion.

LES Auteurs anciens nous donnent différentes raisons de la disgrace de Pylade. Dion Cassius l'attribue aux intrigues de Bathylle, Macrobe aux disputes d'Hylas & de Pylade, Suétone à l'effronterie de ce dernier qui montra du doigt un des Spectateurs qui l'avoit sifflé. Rien n'est sans doute moins intéressant qu'une pareille discussion. Au surplus la hardiesse de Pylade, si le fait rapporté par Suétone est vrai, n'aura plus rien d'étonnant, lorsqu'on saura que, représentant un jour *Hercule furieux*, il tira des flèches sur les Spectateurs. Répétant cette scène en présence d'Octave, il se permit la même licence, & l'Empereur n'en témoigna aucun ressentiment, tant il possédoit l'art de la dissimulation. Une autre fois Pylade jouoit le même rôle en public. Quelques Spectateurs (c'étoient sans doute des partisans de Bathylle) trouvèrent ses gestes outrés. Piqué de cette critique mal fondée, il ôta son masque & leur cria : *Fous, c'est un furieux que je représente*, ΜΩΣΟΙ ΜΑΙΝΟΜΕΝΟΝ Ο'ΡΧΟΥΜΑΙ.

AUGUSTE aimoit beaucoup les Pantomimes, & se plaisoit tellement à leurs représentations qu'il y passoit quelquefois des journées entières (114). Politique habile, profitant de l'enthousiasme des Romains pour Pylade & Bathylle, il laissa le Peuple se livrer à des disputes continuelles au sujet de ces Histrions, & sut ainsi l'empêcher de porter un œil trop attentif sur son Gouvernement. Tacite dit : *neque ipse abhorrebat talibus studiis, & civile rebatur misceri voluptatibus vulgi* (*Annal. l.* 1, *c.* 54). Ce Prince avoit accordé aux Pantomimes le plus beau des priviléges, celui de n'être sous la jurifdiction d'aucun Magiftrat (115), & de ne dépendre que de lui-même. Il les avoit fouftrait au fupplice des verges (116), & l'on concevra combien ces faveurs étoient grandes, fi l'on confidère que les Pantomimes étoient tous des Efclaves ou des Affranchis. Lors donc qu'on lit dans Suétone qu'Hylas, fur la plainte du Prêteur, fut battu de verges (117), on doit croire que ce fut par un ordre exprès d'Augufte, & non par le miniftère des Magiftrats (118).

PYLADE jouit auffi des honneurs dus aux Décurions (119) (*Ornamenta Decurionalia*) (120). J'en ai pour preuve l'infcription du tombeau de ce Pantomime dont le deffein nous a été confervé dans un recueil d'antiquités (121). Il eft de forme quarrée. Sur l'une des faces on lit l'infcription fuivante :

THEOCRITI
AVGG. LIB.
PYLADI
PANTOMIMO
HONORATO
SPLENDIDISSIMIS
CIVITATIB. ITALIÆ
ORNAMENTIS
DECVRIONALIB. ORNA
GREX
ROMANVS
OB. MERITA. EIVS
TITVL. MEMORIÆ
POSVIT.

Au-deſſus de cette inſcription on lit :

CVRANTE CALOPODIO LOCATORE

Et plus haut encore :

D. M.

Sur une des faces latérales :

SVI TEMPORIS PRIMVS

AUX deux côtés du monument (122) ſont deux ſtatues. On voit le mot IONIA au-deſſus de l'une, & celui de TROADAS sur l'autre. Ce sont probablement les noms de deux pièces tragiques dans lesquelles Pylade excelloit (123).

IL y eut sous Trajan un autre Pantomime nommé Pylade, qui mérita les bonnes graces de cet Empereur. Didius Julianus en fit danser un du même nom dans le Palais & à l'instant même où Pertinax venoit d'être massacré. Les inscriptions que je rapporte font mention de deux Pylades, différents du rival de Bathylle, l'un surnommé P. ÆLIUS, l'autre L. AURÉLIUS : enfin Galien parle d'un autre Pantomime de ce nom dont une dame Romaine étoit tellement éprise, que cet amour lui causa une maladie grave.

Un des Chefs du parti de Marc-Antoine, nommé Plancus, exécutoit aussi des scènes pantomimes. Dans un festin que donna l'amant de Cléopâtre, Plancus, le front ceint de roseaux, le corps nud, traînant avec art une longue queue de poisson, représenta la fable de Glaucus, se glissant sur les genouils, pour imiter la démarche du Dieu marin (124). Appius Claudius qui avoit mérité les honneurs du triomphe, se faisoit une gloire de ses talents dans la Saltation. Gabinius, un des ennemis de Cicéron, M. Cœlius, pour lequel cet Orateur plaida, & Licinius Crassus, étoient, entre beaucoup d'autres, très-habiles dans la Saltation. J'obſerverai à ce ſujet qu'une des inſcriptions que j'ai rapportées, & l'épitaphe de Pâris par Martial, ſembleroient indiquer qu'il y eut des Pantomimes ou Archimimes publics de familles Patriciennes (125). Ce fait n'aura rien de ſurprenant, ſi l'on veut ſe rappeller la paſſion des Romains pour un genre de talent que les Empereurs ne dédaignèrent pas de cultiver en public.

Les Mimes & les Pantomimes Romains les plus célèbres furent Agilius qui vécut ſous l'Empereur Commode, Ulpius, Surredius contemporain de Domitien, Jocundus qui, enlevé à la fleur de l'âge, avoit, à douze ans, fait déja les délices de Galba, d'Othon, de Vitellius & du Peuple Romain; Régulus qui mourut au même âge ſous Antonin, Pæſtius, Décitius, Protogènes, Vmmidius, Manneius Archimime, Vitalis Pantomime, Abaeus, Arenius, Artius, Dionyſius Ethologue, Calliſtrate Mime, Junia Saltatrice, Avidius Saltateur, Hirpiriſtus, Luria femme Mime privée, Hermione femme Archimime, Acilius, Fabius Archimime, Iultus, Arbuſcula Courtiſanne & Mime, C. Volumnius (126), C. Pomponius, Geneſius (127), Ardeléone (128), Mneſter favori de Caligula (129), Latinus qui vivoit du temps de

Domitien (130), Pâris favori de cet Empereur (131), un autre Pâris que Néron fit mourir (132), Caramalus, Phabaton (133), Erasinus contemporain d'Ausone & cité par ce Poète, Sergius Parasite d'Apollon, Agrippus surnommé Memphis que Verus fit venir de Syrie, Maximinus autre Mime de cet Empereur qui le nomma Pâris, Æsope, son fils Clodius dont je parlerai plus amplement, Cléon chef de Mimes Latins nommé par Athenée, Dionysia célèbre Pantomime citée par Aulugelle, Sabis femme Mime, Nænius Auteur du Lauréole, Favor Archimime, Lentulus Velox nommé par Juvenal, Thymelè femme de Latinus, Cassius qui vécut sous Tibère, Cæcilius Galba Mime d'Auguste, Sestus Gallus ou Caballus que cet Empereur nota d'infamie & que Tibère admit dans son intimité, Cassius qui vécut aussi sous Tibère, & plusieurs autres dont je parlerai ailleurs.

Il paroît par un passage de Saint-Cyprien que l'on châtroit les Pantomimes (134). On pensoit apparemment que cette opération barbare entretiendroit la souplesse dans leurs membres. Au reste on croit que cette coutume n'eut lieu que dans des temps postérieurs à Pylade (135).

Les Pantomimes (136) furent surnommés

Chironomi, *Chironomontes*, *Chirosophi*, *Artifices*, *Pétaminarii* (137), *Apolausti* qui vivent dans la joie, *Orchistæ* ou *Horcistæ*, *Hypocritæ*, *Gesticulatores*, & *Ethopoei* ou peintres de mœurs. J'ai prouvé, par l'exemple de Pylade, que les Pantomimes jouoient, non-seulement sur les théâtres, mais encore dans les festins (138). Il est tout aussi certain qu'il y eut des Actrices Pantomimes (139). Semblables aux Actrices de nos jours, elles joignoient au métier de Danseuses celui de Coutisannes. ? Et pouvoit-il en être autrement dans ces temps de corruption où les Pantomimes eux-mêmes excitoient les desirs de l'un & de l'autre sexe.

LES Danseuses de Cadix furent célèbres dans l'antiquité. Ces femmes dangereuses possédoient tellement l'art d'exciter les désirs, que les Poètes n'ont point trouvé d'expression assez forte pour peindre la volupté qu'elles inspiroient (140). Leur Saltation se divisoit en trois parties que l'on nommoit *Chironomia* le jeu des mains, *Halma* celui des pieds, & *Lactisma* l'art des sauts élevés.

DISONS maintenant un mot des richesses immenses que possédèrent les Pantomimes. Macrobe nous apprend que l'Histrion Æsope laissa en mourant à son fils Clodius une succession d'environ cinq millions de nos livres qu'il avoit gagnés au théâtre. Ce Clodius, dont Horace nous parle comme d'un fameux dissipateur (141), pouſſoit au plus haut degré le luxe de ſa table. Il mangea un plat de petits oiſeaux extrêmement rares, & auxquels on avoit appris à parler. Chacun de ces oiſeaux lui coûtoit 1500 livres de notre monnoye (142). Dans un feſtin qu'il donnoit, il voulut, comme Cléopâtre, connoître le goût des perles fondues: mais il l'emporta en magnificence ſur cette Reine; car, non-ſeulement il ſe fit ſervir une perle fondue dans du vinaigre, mais il en fit préſenter de même une à chacun de ſes Convives, & l'on obſervera que, pour cette expérience, il faut que les perles ſoient d'une groſſeur conſidérable. On auroit peine ſans doute à ajouter foi à ce récit, ſi Pline n'atteſtoit le fait que j'avance (143). Le même Auteur dit que le Comédien Roſcius, l'ami de Cicéron, avoit par an 125000 livres de gages, & ces appointements furent dans la ſuite conſidérablement augmentés, puiſqu'au rapport de Macrobe, Roſcius touchoit par jour de repréſentation 1000 liv. des deniers publics, ce qui fait 365000 pour une année complette (144).

HABILLEMENT

DES PANTOMIMES.

LES DANSES des Pantomimes embrassant tous les genres dont la scène est susceptible, il est naturel de penser que ces Acteurs faisoient usage de vêtements analogues à leurs rôles. Ainsi, toutes les fois qu'ils avoient à jouer quelque pièce de caractère, soit tragique, soit comique, soit satyrique, ils prenoient, comme on le faisoit aux autres Théâtres, un habit semblable à celui du personnage qu'ils représentoient. Le passage de Velleius Paterculus que j'ai rapporté, la description de la scène de Pâris que je citerai tout-à-l'heure, & plusieurs autres autorités en font foi. Lorsqu'un Pantomime jouoit plusieurs rôles, ce qui arrivoit fréquemment, il changeoit d'habit pour chacun d'eux. Un Etranger, dit Lucien, assistoit pour la première fois au spectacle des Pantomimes. Voyant cinq habits préparés pour une pièce & n'appercevant qu'un seul Acteur, il demanda qui feroit les autres rôles; mais, convaincu qu'un seul homme avoit représenté les cinq personnages de cette pièce, *O sublime imitateur*, s'écria-t-il, *tu trompes mes sens. Dans un seul corps tu as plusieurs ames*. De nos jours, l'immortel Garrick mérita souvent un si bel éloge.

J'AI déja nommé, en parlant des Mimes Grecs, plusieurs habits de théâtre. La *Toge* fut constamment interdite aux Pantomimes (145) ; mais ils se servoient de la *Tunique* & de la *Palla*. Ce dernier vêtement, dont les femmes aussi faisoient usage, étoit un long manteau qui descendoit jusqu'aux talons. Suétone en parle dans la vie de Caligula. *Cum palla tunicaque talarì prosiluit*, dit cet Historien. La longueur de cet habit prouve bien ce que nous développerons dans les sections suivantes, que le jeu des Pantomimes ne consistoit pas dans des sauts élevés, dans le mouvement rapide des pieds.

LES autres vêtements en usage étoient la *Stole*, la tunique appellée *Talaris*, *Syrma* longue draperie particulière aux Courtisannes, le *Coquus* gros habit double, la Mithre, la Tiare, le *Redimiculum*, ornement de tête des femmes, & quelques autres.

ON sait que la plupart des théâtres de l'antiquité étoient à découvert. C'étoit un usage reçu que les Spectateurs y assistassent nue tête. Ainsi exposés aux intempéries de l'air, ils y passoient des journées entières, ce qui fait dire à Ammien Marcellin *sole fatiscunt vel pluviis*, &c. L'habit d'usage pour le spectacle étoit une robe blanche, de l'eſpèce de celles que l'on nommoit *Lacernæ*. Une épigramme de Martial en fournit la preuve (146).

MASQUES

DES PANTOMIMES.

CE QUE nous venons de dire des habits des Pantomimes doit s'entendre auſſi de leurs maſques. Ils en portoient d'analogues à leurs rôles. Ils en changeoient lorſqu'ils jouoient plufieurs perſonnages. Ils en prenoient de doubles, c'eſt-à-dire dont les ſourcils, diverſement placés, donnoient aux deux côtés du même viſage deux expreſſions différentes; lorſqu'ayant à peindre deux affections oppoſées, ils ne pouvoient pas quitter la ſcène.

ON ſait que les maſques de l'antiquité ne reſſembloient point à ceux dont nous faiſons uſage. Au lieu que les nôtres ne couvrent ſouvent qu'une partie du viſage, ceux des anciens emboîtoient toute la tête (147). Ainſi, à l'aide de ces maſques, l'Acteur pouvoit ſe donner l'âge & la phyſionomie convenables à ſon rôle. Indépendamment du caractère de la figure, il ſe faiſoit une tête petite ou groſſe, ronde ou applatie, chauve ou chévelue. Il pouvoit imiter jusqu'à la couleur & à la position des cheveux. On croit même que, dans l'ancienne Comédie, on poussoit la licence jusqu'à faire des masques ressemblants aux personnages vivants qu'on mettoit sur la scène (*). Les anciens excelloient dans l'art de faire des masques. Ils apportoient le plus grand soin à les modeler (148). On connoit le recueil des masques des Comédies de Térence. On se rappelle que l'ouverture de leur bouche est énorme. Cet usage, qui nous paroît ridicule, n'étoit pas sans fondement. Car on plaçoit dans la bouche des masques des espèces de cornets qui répercutoient & renforçoient la voix, précaution indispensable sur les théâtres immenses & souvent à découvert des anciens, mais peu nécessaire pour les Pantomimes qui ne parloient point. Aussi lisons-nous dans Lucien que leurs masques n'avoient pas la bouche aussi ouverte que les autres, ce qui leur donnoit une forme plus agréable (**). Deux vers de Prudence

(*) Le n°. 3, pl. VIII, représente un masque double de Socrate & de Xantippe. On voit aussi, n°. 1, un masque triple. Ces sortes de masques servoient dans les pièces à plusieurs rôles jouées par un seul Acteur.

(**) J'ai représenté, pl. VII, n°. 1, un des plus beaux masques de Pantomime que nous connoissions. On voit aussi, pl. IX, n°. 3, un masque satyrique.

& un paſſage de Virgile nous apprennent qu'ils étoient faits de bois, & que l'uſage en étoit extrêmement ancien (149).

INSTRUMENTS

DONT SE SERVOIENT LES PANTOMIMES.

J'AI DIT qu'avant Pylade les Mimes ou Hiſtrions n'avoient qu'une ſeule flûte pour orcheſtre. L'Affranchi d'Auguſte y joignit le premier d'autres flûtes, des chalumeaux, & des chœurs de voix. Il paroît, par un paſſage de Pollux, que l'eſpèce de flûte dont on ſe ſervoit communément au ſpectacle des Pantomimes étoit la *Dactylique*. On y ajouta dans la ſuite pluſieurs autres inſtruments, tels que les Crotales, les Cythares, les Cymbales, ceux appellés *Scabelli Scabella* ou *Scabilla* (150), *Teſtulæ* (151), *Acetabula* (152), & les *Podonclopia* eſpèce d'orgue dont on jouoit avec les pieds. En un mot, dans les ſcènes Pantomimiques, on faiſoit uſage d'un grand nombre d'inſtruments propres à marquer & ſoutenir le rhythme, ainſi qu'on le voit dans une lettre de Caſſiodore qui dit : *aſſiſtunt conſoni chori diverſis organis eruditi* (*).

(*) ON voit, pl. VIII, un Saltateur qui tient dans ſes mains un inſtrument à trois bouches, à-peu-près ſemblable à une cornemuſe.

PIECES

JOUÉES PAR LES PANTOMIMES.

CALLIAQUE rapporte aux Hyporchemates, dont j'ai parlé ci-dessus, l'origine des pièces Mimes, c'est-à-dire représentées par gestes. Je ne m'arrêterai point à cette détermination. Nous avons vu que la Saltation théâtrale remonte à la plus haute antiquité. Il seroit donc aussi pénible qu'inutile de rechercher de quel genre furent les premières scènes jouées par les Saltateurs. Ainsi je me bornerai à examiner quelles pièces représentèrent les Pantomimes Romains.

J'AI déjà dit que leur Saltation embrassoit les trois genres du théâtre ancien. Ainsi ils représentoient des Tragédies, des Comédies & des Satyres. Il paroît certain que leurs premiers sujets furent tirés de la Mythologie. Ils mirent d'abord à contribution les fables des Dieux; ils y joignirent ensuite celles des héros. Nous avons vu Bathylle danser la fable de Jupiter & Léda, Hylas celle d'Œdipe, Plancus celle du Dieu Glaucus, Pylade Hercule furieux, la Troade, &c. Les amours de Jupiter, d'Apollon, de Bacchus, de Mercure, de Pasiphaé,

Pasiphaé, d'Orphée, les hauts faits d'Ajax; de Prométhée, d'Hector, de Capanée, le jugement de Pâris, tous les sujets enfin que fournit l'Histoire poétique furent représentés par les Pantomimes sur les théâtres de Rome.

Ils faisoient usage aussi des fictions consacrées par les Poetes. Ovide témoigne la satisfaction qu'il ressent de voir ses Ouvrages représentés par ces Acteurs (153). On doit penser qu'ils ne se bornèrent pas à des sujets fabuleux, & qu'ils empruntèrent des scènes de l'Histoire. Leur art étoit du moins assez énergique pour peindre avec vérité les tableaux qu'elle nous offre, puisque, si l'on en croit Athenée, le Pantomime Memphir savoit exprimer par ses gestes le caractère & la sublimité de la philosophie Pythagoricienne.

Un passage de Pline le jeune, que je citerai plus loin, prouve que les Pantomimes représentèrent aussi des pièces uniquement destinées à célébrer les louanges des Empereurs, adulation d'autant plus méprisable que souvent, ajoute cet Auteur, le Sénat & le Théâtre retentissoient en même-temps de l'éloge des Césars prononcé par un Consul & par des Histrions.

Juvenal parle d'une Pantomime qu'on nommoit *Lauréole* (154). Cette Saltation, inventée par Nænius, avoit ceci de particulier, que l'Acteur y étoit attaché à une croix. Suétone nous apprend qu'elle fut fatale au Pantomime Mnester & à plusieurs autres, qui périrent en voulant se glisser avec trop de précipitation du haut de cette croix (155).

CICÉRON indique une Saltation que l'on appelloit *Titius*. Ce nom lui venoit de Sextus Titius Orateur Romain, homme éloquent, mais tellement maniéré dans ses gestes, que le but de cette Saltation satyrique étoit d'en imiter le ridicule (156). Lorsqu'on se rappelle la licence effrénée des Pantomimes, on doit penser que cette Saltation n'étoit pas la seule qui eût pour objet de railler les Citoyens de Rome sur leurs travers ou sur leurs vices.

ON peut diviser les pièces Pantomimes en deux classes ; les *Monoprosopes* celles où il n'y avoit qu'un seul Acteur, & les *Polyprosopes* celles où il en paroissoit plusieurs. Ces dernières n'étoient pas très communes ; du moins nous en trouvons peu d'exemples. On doit ranger dans la première classe les Saltations de Pylade, de Bathylle, d'Hylas, & de tous les fameux Pantomimes ; car on les appelloit toujours Monoprosopes, quoique l'Acteur y jouât plusieurs rôles (157). Le passage de Lucien que j'ai cité (page 75) prouve que les pièces pantomimes étoient divisées en plusieurs actes.

Cette division fut calquée sur celle des Tragédies & des Comédies qui leur servoient de base.

La décoration de la scène étoit analogue au genre des pièces. Dans les Tragédies, le théâtre représentoit des Palais ornés de colomnes, d'obélisques, de statues, & d'autres objets d'un style noble & sévère; dans la Comédie, on voyoit des édifices plus simples, des portiques, des murailles; enfin la scène des Satyres représentoit des forêts, des montagnes, des cavernes, des sites agrestes. Néantmoins, lorsque le lieu où l'action devoit se passer étoit déterminé par la fable Pantomime, on apportoit une exactitude scrupuleuse dans la représentation de la scène. Le passage d'Apulée que je citerai dans un moment en fournit une preuve convaincante.

Je ne m'arrêterai point ici à décrire les théâtres des Romains. Je ne rechercherai point quelles en étoient les différentes parties; ce que l'on appelloit proprement *la Scène*; dans quel lieu étoit *l'Orchestra*, que les uns regardent comme la place des Sénateurs, les autres comme l'endroit où dansoient les Pantomimes. Tous ces sujets n'ont pas un rapport direct au but de cet ouvrage. Ils ont d'ailleurs été traités avec beaucoup d'érudition par de savants Critiques, tels que Calliaque,

Boulanger, l'Abbé d'Aubignac, Ferrare, l'Abbé Vatry, & plusieurs autres.

DU JEU

DES PANTOMIMES.

NOUS VOICI parvenus au point le plus important, le plus curieux, & en même-temps le plus obscur de tous ceux que nous avions à traiter. Et d'abord, cette obscurité ne doit point nous surprendre. L'art des Pantomimes consistoit dans une suite de mouvements plus ou moins rapides, d'attitudes diversifiées, de gestes variés & imitatifs ; cet art est perdu pour nous : car je ne donne point le nom de Pantomimes à ces énigmes vagues, entortillées, souvent inintelligibles, dont on nous fatigue quelquefois sur nos théâtres. Nos mœurs, notre caractère, notre esprit, sont tellement différents de ceux des Romains, que nous ne pouvons presque nous former aucune idée d'un langage qui leur sembloit si énergique. Envain consulterions-nous les peintures, les bas-reliefs antiques (*). ? Une toile, un marbre immobile peuvent-ils

(*) ON peut cependant voir, Pl. VII, n°. 2, le dessin d'une scène de Pantomimes qui est tiré du *Muséum de Florence*.

exprimer ce qui paſſe avec la rapidité de l'éclair. Les écrits des Auteurs anciens ne nous ſont guères d'un plus grand ſecours. Il ne nous reſte aucun Ouvrage élémentaire ſur le jeu des Pantomimes. Ceux de Pylade & d'Ariſtonicus ſont perdus. Ainſi nous ne poſſédons que quelques lambeaux épars de deſcriptions pompeuſes, plutôt échappées à l'enthouſiaſme que dictées par le deſir d'inſtruire les races futures.

ESSAYONS toutefois de réunir ces fragments, & tâchons, en les comparant, de jetter au moins quelque clarté ſur un ſujet ſi difficile à décrire.

TOUS les Auteurs anciens s'accordent à faire de l'art des Pantomimes la peinture la plus énergique, les éloges les plus pompeux. Ils ſemblent n'avoir point trouvé d'expreſſion aſſez forte pour répondre à la ſublimité de ce langage muet. Sénèque admire avec quelle adreſſe la main du Pantomime eſt prête à tout exprimer. Il loue la volubilité de ſes geſtes égale à la rapidité du diſcours (158). Nonnus attribue à ces Acteurs, *des geſtes qui ont un langage, des mains qui ont une bouche, & des doigts qui parlent* (159). Caſſiodore s'exprime à-peu-près dans les mêmes termes (160). Ailleurs il appelle l'art Pantomimique une muſique muette, & dit que cet art peut exprimer ce que la voix & l'écriture pourroient à peine rendre (161).

Saint-Auguſtin ſe ſert d'expreſſions ſemblables pour le déſigner (162). Une ancienne Epigramme dont l'Auteur eſt inconnu en fait la peinture la plus vive & la plus élégante (163). *C'eſt un art merveilleux qui fait articuler des mots, ſans qu'on ouvre la bouche*, *MIRABILIS ARS EST QUÆ FACIT ARTICULOS, ORE SILENTE, LOQUI*. Enfin le Poète Manilius ne nous en donne pas une idée moins avantageuſe (164).

A TOUS ces éloges on peut joindre ceux de Lucien qui a écrit un dialogue ſur la Saltation. On y verra la longue énumération des qualités néceſſaires pour former un bon Pantomime, celle non moins étendue des ſujets qu'il peut traiter, le grand nombre de ſciences que cet Auteur ſubordonne à l'art du geſte, telles que la muſique, la géométrie, la philoſophie, la rhétorique, la peinture, &c. Lucien rapporte en outre les faits ſuivants :

SOUS l'Empereur Néron, un Ambaſſadeur du Roi de Pont vint à Rome pour des affaires d'Etat. Il y vit des Danſes Pantomimes, &, quoiqu'il ne pût entendre les vers dont elles étoient accompagnées, puiſqu'il ne ſavoit point la langue latine, il comprenoit néantmoins tout ce que l'Acteur repréſentoit. Néron, ſatisfait de ſes ſoins, voulant dans la ſuite le récompenſer, cet Ambaſſadeur lui demanda inſtamment le Pantomime qu'il avoit vu au Théâtre. Interrogé de ce qu'il en vouloit faire, » nous avons, dit-il à Néron, des voisins qui » parlent tous des langues différentes, & nous » ne pouvons que très-difficilement nous pro- » curer des interprètes qui les sachent toutes : » mais cet homme, dont les gestes sont une » langue universelle, saura se faire entendre » de toutes les Nations «.

ARTÉMIDORE, voyant danser un Pantomime, disoit qu'on ne devoit plus craindre de devenir sourd & muet, puisqu'il existoit une nouvelle langue qui parloit aux yeux (165).

DÉMÉTRIUS le Cinique, à la vue des amours de Mars & de Vénus, représentés en Pantomime, s'écria ; » Je ne vois pas seulement ce que tu » me peints, je l'entends, tu parles avec les » mains (166) «.

? Veut-on quelque chose de plus précis. Cassiodore que j'ai déja cité, décrit ainsi le jeu des Pantomimes. » L'Acteur paroît sur la scène » aux acclamations des Spectateurs. Un chœur » d'instruments l'accompagne. Par le seul mou- » vement de ses mains, il explique aux yeux le » poème que chantent les Musiciens, &, se » servant de gestes composés, comme, dans » l'écriture, on se sert des lettres (167), » il parle à la vue, rend sensibles jusqu'aux

» plus légères nuances du discours, & démontre » sans parler tout ce que l'écriture pourroit » exprimer. Le même corps nous présente » Hercule ou Vénus (168), un Roi ou un » Soldat, un homme ou une femme, un » vieillard ou un adolescent, & l'illusion est » si grande que vous croyez voir plusieurs » hommes dans un seul, tant l'Acteur sait va- » varier son maintien, sa démarche, & ses » gestes (169).

D'APRÈS ce qui précéde (170), ? quelle idée devons-nous nous former du jeu des Pantomimes. Je l'ai déja dit, c'étoit une langue oculaire, un assemblage de gestes qui exprimoient un discours suivi (171). Cette langue n'étoit ni abstraite ni spéculative (les idées métaphysiques, déja assez obscures dans les langues parlées, sont peu susceptibles d'être présentées à l'esprit par l'organe de la vue); mais au contraire elle devoit être passionnée, véhémente, pleine d'images, de transitions brusques, de mouvements fortement prononcés. L'analyse ne l'avoit point décomposée en un nombre déterminé de signes élémentaires (172), comme l'écriture a décomposé la parole en un certain nombre de lettres. Un geste exprimoit, tantôt un objet sensible tantôt une affection de l'ame, tantôt un seul mot tantôt une phrase entière.

Lorſque le Pantomime n'avoit à peindre que des actions, des ſenſations, ſes geſtes étoient pris dans la nature. *Omnis motus animi ſuum quemdam à natura habet geſtum.* Mais il n'eſt pas poſſible de former un diſcours ſuivi, ſans qu'il s'y rencontre des idées qui n'ont qu'un rapport indirect à nos ſens. Si je veux, par des geſtes, exprimer ces mots; *ma ſœur eſt allée chez mon père*, je puis bien peindre d'une manière naturelle l'action *d'aller;* mais il me faut recourir à l'art pour déſigner *ma ſœur* & *mon père.* Auſſi voyons-nous qu'indépendamment des geſtes naturels, les Pantomimes en avoient d'inſtitution, de conventionnels (173), qui, pour les comprendre, demandoient une ſorte d'étude. Saint-Auguſtin nous apprend que, lors de l'inſtitution des Pantomimes à Carthage, le Crieur public étoit obligé d'annoncer le ſujet qu'ils alloient repréſenter (174). La plupart de ces geſtes étoient du reſſort de l'Indication. En effet on a toujours beſoin d'une ſorte de périphraſe, pour déſigner, par le mouvement des mains, un objet qui n'eſt pas ſur la ſcène, & que l'on ne peut montrer lui-même au Spectateur.

On n'attend pas ſans doute que je détaille ici les différentes attitudes (175), les geſtes divers que les Pantomimes employoient dans leur jeu. Je l'ai déja dit, un tel travail feroit impoffible, &, quand on parviendroit à l'exécuter, il ne nous donneroit qu'une idée très-imparfaite d'un art qui, par fa nature, échappe à tout autre fens que la vue, & qui, totalement dépendant de la repréfentation, ne peut être décrit ni commenté. Cependant, afin de ne rien obmettre fur le fujet que je traite, je vais rapporter la feule defcription détaillée que nous ayons d'une fcène pantomimique (le Jugement de Pâris), monument précieux qui confirmera la vérité des propofitions que j'ai avancées dans les fections précédentes. Il eft tiré de l'Ane d'or d'Apulée (176).

» La fcène repréfente une montagne cou-
» verte d'arbres verds & pleins de vie, à l'inftar
» de celle qu'Homère a chanté fous le nom
» d'Ida. Une fontaine creufée de main d'homme
» épanche fes eaux à l'entour. Quelques chè-
» vres paiffent l'herbe naiffante, &, pour
» repréfenter le Berger Pâris, un beau jeune
» homme, les épaules couvertes d'un manteau
» Phrygien, le front ceint d'une tyare d'or, feint
» de conduire fon troupeau. Bientôt paroît un
» autre jeune homme nud. Sur fon épaule
» flotte une légère draperie. Sa blonde ché-
» velure, au milieu de laquelle on apperçoit
» deux petites aîles d'or, la verge & le cadu-

» cée qu'il porte, désignent assez le Dieu
» de l'Eloquence. Il s'avance à la manière
» des Saltateurs, tenant, dans ses mains la
» pomme fatale, la présente à Pâris, lui expli-
» que par des gestes l'ordre de Jupiter, &
» s'éloigne aussitôt. Vient ensuite une jeune
» Vierge, d'un maintien honnête, représen-
» tant Junon : sur sa tête est un diadême
» blanc, & dans ses mains un sceptre. Mi-
» nerve la suit, armée d'une lance & d'un
» bouclier, le chef couvert d'un casque étin-
» celant qu'entoure une couronne d'olivier.
» Après elles on voit paroître une autre jeune
» fille qui les surpasse de beaucoup en beauté.
» A l'odeur divine qui s'exhale de ses che-
» veux parfumés d'ambroisie, on reconnoit
» la mère des Amours. Elle est nue, comme
» le fut Vénus lorsqu'elle étoit Vierge. Un
» voile léger, tissu de la soie la plus fine, dé-
» robe seulement à l'œil les plus précieux
» trésors. De son haleine amoureuse, un zéphyr
» curieux, tantôt souleve ce voile & mon-
» tre la fleur la plus belle, tantôt le repousse
» pour dessiner mollement les contours les plus
» voluptueux. La fille du Ciel naquit au sein
» des ondes. Une légère draperie d'un bleu de
» mer qui contraste avec l'ivoire de son corps,
» exprime cette double origine. Chaque

» Déesse mène avec elle une suite nombreuse :
» auprès de Junon sont Castor & Pollux, le chef
» couvert de casques d'airain, sur lesquels
» on voit briller des étoiles. Aux accents
» variés de la flûte, la fille de Saturne, par
» des gestes tranquilles & non affectés, promet
» au Berger, que, s'il lui donne le prix de la
» beauté, elle le fera régner sur toute l'Asie.
» Minerve l'aborde ensuite. A ses côtés mar-
» chent la Terreur & la Crainte armées de
» glaives nuds, compagnes ordinaires de la
» Déesse des combats. Derrière elle, un joueur
» de flûte fait entendre l'Hormus belliqueux,
» &, mêlant aux tons sourds de son instrument
» des sons aigus, semblables à ceux de la trom-
» pette, il donne aux chants qu'il module
» un caractère plus mâle & plus animé. La
» fille de Jupiter, l'air agité, le regard ména-
» çant, par des mouvements rapides & variés,
» par une gesticulation très-vive, offre à Pâris
» de lui donner en partage la force & la va-
» leur & de le rendre à jamais illustre par ses
» armes, s'il la préfére aux autres Déesses.
» Aux acclamations réitérées des Spectateurs,
» Cypris avec un doux sourire, s'avance au
» milieu de la scène. Autour d'elle folâtrent
» une troupe de petits enfants, délicats, pote-
» lés, que vous prendriez pour de vrais

» amours, descendus du Ciel ou sortis du sein
» des eaux. Ils ont de petites aîles, des
» flèches, tout le costume du Dieu de Cythère,
» & portent des flambeaux devant leur Sou-
» veraine, comme s'ils la conduisoient au
» banquet nuptial. Au milieu d'un chœur de
» jeunes Nymphes encore vierges, on distin-
» gue les Heures & les Grâces toujours
» riantes, qui forment des Danses légères au-
» tour de la Déesse des plaisirs, sement ses
» pas de fleurs, & se jouent avec sa blonde
» chévelure. Déjà les flûtes font entendre
» des chants Lydiens dont la douce harmonie
» inspire l'amour. Vénus approche. Sa dé-
» marche languissante, ses légers mouvements
» de tête, cet abandon charmant qui régne
» dans toute sa personne, portent la volupté
» dans les cœurs. Ses gestes gracieux répon-
» dent aux molles inflexions des flûtes, &
» quelquefois son unique langage est dans ses
» yeux. Tantôt, à demi fermés, ils excitent
» les désirs, tantôt, plus vifs, ils ont quelque
» chose de menaçant. Si le Berger lui donne
» la pomme tant disputée, elle le rendra
» possesseur de la plus belle des femmes, d'une
» autre Vénus. A cette promesse Pâris n'hésite
» plus. Il donne la pomme à Cythérée que
» son cœur a jugé la plus belle des trois Déesses.

» — Après ce jugement, Minerve & Junon se » retirent. La tristesse & la colère sont dans » leurs yeux. L'indignation se peint dans leurs » gestes. Vénus au contraire exprime sa joie, » la satisfaction brille sur son visage ; elle » forme avec le chœur de ses Nymphes une » Danse légère (177) «.

CONTINUATION

DE L'HISTOIRE DES PANTOMIMES.

J'AI DÉCRIT dans les sections précédentes le brillant succès des Pantomimes sous le règne d'Auguste, les honneurs qu'ils obtinrent, les priviléges dont ils jouirent, la passion des Romains pour ces Acteurs & pour leur Spectacle. Cette passion étoit si grande qu'au rapport de Ferrare, les Dames Romaines couroient au théâtre baiser les masques & les habits des Pantomimes, les jours où il n'y avoit point de représentation. Sénèque, en parlant de la dépravation des mœurs de son temps, s'exprime ainsi : *privatim urbe tota sonat pulpitum ; in hoc viri, in hoc fœminæ tripudiant. Mares inter se uxores que contendunt uter det latus illis* (*Nat. Quæst. l* 7, *c.* 22). Les désordres fréquents qu'excitoit cette frénésie donnèrent lieu à divers Règlements des Empereurs, dont nous allons rendre compte.

TACITE nous apprend que, dès les premières années du règne de Tibère, la licence du Théâtre étoit parvenue à un tel degré, qu'il y eut à Rome beaucoup d'émeutes, dans lesquelles plusieurs, non-seulement du peuple, mais même des Soldats, & un Centurion, furent tués. La plainte portée devant le Sénat, quelques-uns étoient d'avis d'accorder au Prêteur le droit de faire battre de verges les Pantomimes. Hatérius Agrippa s'y opposa vivement, rappellant la loi faite par Auguste. Son opinion prévalut, mais, par un règlement nouveau, on défendit aux Sénateurs d'aller visiter les Pantomimes, & aux Chevaliers Romains de les accompagner lorsqu'ils sortiroient en public. Il ne leur fut permis de les voir qu'au Théâtre, & l'on donna au Préteur le droit de punir par l'exil ceux qui y commettroient des obscénités (178).

QUELQUES années après, les désordres se renouvellèrent, & les plaintes des Préteurs étant sans effet, Tibère prit le parti de chasser les Pantomimes de l'Italie, & il ne voulut jamais permettre leur retour (179).

CALIGULA aimoit avec fureur le Spectacle des Pantomimes. Il dansoit souvent lui-même en public, & passoit les nuits entières à ce noble exercice (180). Sa passion pour le Théâtre étoit si violente, qu'au rapport de Sénèque, il défia Jupiter, & le provoqua au combat, parce que ce Dieu troubloit par le bruit du tonnerre ses représentations (181). Une telle extravagance ne doit point étonner dans un homme qui voulut faire son cheval Consul.

L'EMPEREUR CLAUDE donna des Edits sévères pour réprimer la licence Théâtrale, ainsi que nous l'apprend Tacite (182).

NÉRON (183) chassa les Pantomimes de Rome, à cause des factions qu'ils occasionnoient (184). Cependant il paroit certain que cet Empereur les rappella dans la suite, car Tacite dit qu'il leur fut permis de reparoître sur la scène, mais qu'on les exclut des Jeux sacrés (185). Peu de temps avant sa mort, Néron vouloit représenter en Pantomime le Turnus de Virgile, & il y a tout lieu de croire qu'il ne se défit de l'Histrion Pâris que parce qu'il le regardoit comme un dangereux rival (186).

VITELLIUS défendit les jeux de la scène aux Chevaliers Romains (187), & Domitien fit plus. Il interdit les Théâtres publics aux Pantomimes, & ne leur permit d'exercer leur profession que dans les maisons des particuliers (188).

LE sage NERVA, pressé par le peuple, fut obligé de rétablir les Histrions; & ce même

peuple,

NOTES.

(1) PAR LE mot *Saltatio*, les Romains entendoient, non l'art de sauter, comme quelques lecteurs pourroient se l'imaginer, mais l'art du geste, pris dans l'acception la plus générale. Aussi ce mot, suivant Varron, ne venoit point du latin *Saltus*, mais du nom de l'Arcadien *Salius*, qui, le premier, enseigna cet Art aux Romains, & qui, selon toute apparence, donna aussi son nom aux Prêtres *Saliens*. *Saltatores autem nominatos Varro dicit ab Arcade Salio quem Æneas in Italiam secum adduxit, quique primò docuit Romanos adolescentes nobiles saltare.* Isidor. Orig. l. 18, c. 47.

(2) DU MOINS de cette partie de l'art qui consiste à mouler sur nature, à former des creux, & à couler dans ces creux; procédés qui précédèrent certainement celui de la Sculpture au ciseau.

(3) SANS DOUTE l'on peut présumer que le premier usage que les hommes firent de la Peinture ou plutôt du Dessin fut l'écriture; c'est-à-dire que, lorsqu'ils commencèrent à tracer des images grossières des corps, ces images furent les premiers caractères dont ils se servirent pour se communiquer par écrit leurs idées. Mais ? l'écriture est-elle un besoin naturel à l'homme. ? Ne sauroit-il subsister, même en société, sans cet Art. Je suis bien éloigné de le croire. L'état d'imperfection & de quasi-nullité où nous l'avons trouvé chez les sauvages de l'Amérique, prouve assez qu'ils le cultivoient peu. D'ailleurs, l'écriture est la langue des absents; &

les premiers hommes, ou tout-à-fait errants, ou isolés par familles, avoient trop peu de relation les uns avec les autres pour entretenir des correspondances. Leurs besoins réciproques cessoient avec leur cohabitation.

(4) Si l'on vouloit réfléchir sur la nature des Arts que l'on peut appeller *Vocaux*, parce qu'ils tiennent de très-près au langage de l'homme, on seroit peut-être tenté de raisonner tout autrement qu'on ne l'a fait sur leur origine. On veut communément qu'il en soit de leur invention comme de celle de la Peinture, de la Statuaire, de tous les autres Arts; que l'on ait commencé par des essais timides & grossiers; que ces essais, souvent répétés, ayent conduit à de plus hardis de plus soutenus, ceux-ci à des observations, ces observations à des règles à des systêmes, & qu'enfin le perfectionnement de ces règles ait été l'époque réelle de l'institution de la Poésie, de la Musique, & de l'art du Geste. Cette progression ne me paroît point être la marche de la nature. Avec les premières voix se formèrent les premiers accents, les premières inflexions. Avec les premières voix naquirent, le rhythme, l'harmonie imitative, les méthaphores, les images de toute espèce; enfin, aux premiers dialogues étoit joint le geste, expression inséparable de la parole, & non moins susceptible qu'elle de se communiquer, d'imiter, & d'émouvoir.

En effet, s'il paroît incontestable que la Poésie fut en usage avant la Prose, à plus forte raison doit-on croire qu'elle précéda l'étude de la Grammaire (*), & que de même la Danse nâquit avant l'art Chorégraphique,

---

(*) Quintilien dit : *ante carmen ortum est, quam observatio carminis*. Instit. l. 9, c. 4.

la Musique avant l'établissement des systêmes musicaux. Prenons celle-ci pour exemple. Un passage formel de Strabon nous apprend (& cette autorité vient à l'appui de ce que j'ai avancé ci-dessus) *que la parole & le chant furent long-temps une seule & même chose*. Or je demande s'il ne seroit pas absurde d'imaginer que, tant que dura cette identité primitive, les hommes s'avisèrent de noter les inflexions de leur voix. ? Pouvoient-ils craindre de les perdre, puisqu'elles étoient comme inhérentes à leur langage. Ce ne fut donc que long-temps après, lorsqu'il y eut un accent pour chanter, un autre pour parler, qu'ils cherchèrent à fixer, par l'écriture & par le calcul, des intonations qui, en devenant plus rares, devenoient aussi plus incertaines & plus difficiles à saisir. Alors seulement la Musique fut soumise à des règles, & l'histoire de ses développements & de ses progrès fut, à bien dire, celle de son altération & de sa décadence. En effet il est aisé de reconnoître combien notre Musique est éloignée de cette déclamation vive & accentuée des anciens Peuples, notée sur les inflexions même de la nature; combien il est probable que, dans toutes les langues primordiales, & même dans les premiers temps de la Grèce, on ne pouvoit faire sur des paroles données qu'un seul air, lequel étoit comme déterminé par le rhythme, par l'accent grammatical, & par l'accent pathétique; tandis que, parmi nous, le systême uniforme des gammes, la contexture forcée des modulations, & les loix ridicules du contrepoint, rendent tellement servile & arbitraire l'expression permise à notre mélodie, qu'il n'est aucun de nos airs auquel on ne puisse appliquer d'autres paroles que celles qui y étoient jointes, sans que la vérité de l'expression en paroisse affoiblie.

Ce que j'ai dit de la Musique peut s'appliquer à la Poésie & à l'art du geste; & les raisonnements qui précédent suffisent, je pense, pour prouver que le geste, expression naturelle de nos besoins, précéda toutes les règles de l'art Chorégraphique, & que, ce que nous nommons aujourd'hui *Danse*, c'est-à-dire l'assemblage varié des pas, la symétrie des figures, est une invention très-récente relativement à l'art Pantomimique.

On m'objectera sans doute que la Danse, prise dans l'acception que je lui donne ici, est naturelle à l'homme; que, sous des climats heureux, les premières familles, rassemblées autour des fontaines, bondissoient aux rauques accents d'une mauvaise flûte. Cela peut être & je le crois. Mais ces sauts de joie n'ont aucun rapport à la Pantomime, & combien ils sont éloignés de l'Art des Vestris. Chez tous les Peuples sauvages que la soif de l'or nous a fait découvrir, nous n'avons trouvé pour toute danse que des rondes & des sauts incommensurables (qu'on me passe ce mot). Les Grecs eux-mêmes avoient peu de danses qui ne fussent point pantomimes, & ces danses n'étoient guères plus savantes que celles des hordes Américaines. Je le répète, la combinaison des pas, la symétrie des figures est une invention très-moderne. L'homme de la nature saute & ne danse point. D'ailleurs l'art de se mouvoir avec grace n'a aucun rapport à celui d'imiter par le geste. L'un est dans la nature, l'autre est entièrement arbitraire, & ses froides & stériles règles ne plairont jamais qu'à ceux qui préfèrent l'esprit au sentiment, les raffinements de l'art à l'expression simple & vraie du langage des passions.

(5) Και τόυ μὲν χρησικῶ μέρη, μελοποιία, ῥυθμοποιία, ποίησις, τόυ δὲ ἐξαγγελτικον, ὀργάνικον, ᾤδικον, ΥΠΟΚΡΙΤΙΚΟΝ. Arist. Quint. l. 1.

(6) Ainsi nommée du mot *Hypocrite* (ΥΠΟΚΡΙΤΗΣ) qui, dans le ſens propre, ſignifie un *Contrefaiſeur*.

(7) ΣΩΚΡ. Ἴθι καὶ σὺ (πρέποι γὰρ ἂν ποῦ καὶ σοὶ τὰ καλῶς διαλέγεσθαι) εἰπὲ πρῶτον τίς ἡ τέχνη, ἧς τὸ κιθαρίζειν καὶ τὸ ᾄδειν καὶ τὸ ἐμβαίνειν ὀρθῶς. συνάπασα τίς καλεῖται; οὔπω δύνασαι εἰπεῖν. ΑΛΚ. Οὐ δῆτα. ΣΩΚ. Ἀλλ' ὧδε πειρῶ. τίνες αἱ θεαὶ ὧν ἡ τέχνη. ΑΛ. Τὰς Μούσας ὦ Σώκρατες λέγεις. ΣΩ. Ἔγωγε. ὅρα δὴ τίνα ἀπ' αὐτῶν ἐπωνυμίαν ἡ τέχνη ἔχει. ΑΛ. Μουσικὴν μοὶ δοκεῖς λέγειν. ΣΩ. Λέγω &c. Platon, 1er. Dialog. d'Alcibiad.

(8) Lucien en attribue l'origine à l'obſervation du mouvement des aſtres, mouvement qu'il appelle *harmonie céleſte*. Quoique cette opinion ne ſoit pas ſoutenable, nous trouvons néantmoins chez les Poètes anciens des indices de cette prétendue harmonie, de ces danſes que formoient entr'elles les ſphères de la voûte éthérée :

Nox jungit equos, currumque ſequuntur
Matris laſcivo ſidera fulva choro.

Tibull. l. 2. Eleg. 1.

(9) Dans le *Muſeum Etruſcum* de Gori, on voit deux Priape & un Pan Saltateurs. On connoit auſſi des Apollon, des Bacchus, &c.

(10) Tibulle attribue l'invention de la Danſe à Bacchus :

Agricola & minio ſuffuſus, Bacche, rubenti
Primus inexpertâ duxit ab arte choros.

l. 2. Eleg. 1.

Perſonne n'ignore que c'eſt au culte ce Dieu qu'il faut rapporter l'origine de la Tragédie. Le mot grec ΤΡΑΓΩΔΙΑ ſignifie la chanſon du Bouc, & cet animal étoit conſacré à Bachus ; Virgile dit :

Baccho caper omnibus aris
Cæditur, & veteres ineunt proscenia ludi.

Georg. l. 2, v. 380.

(11) LE MOT *Pantomime* est formé des deux mots grecs ΠΑΝ qui signifie *tout*, & ΜΙΜΟΣ ou ΜΙΜΗΤΗΣ qui veut dire *imitateur*. Un Pantomime est donc un homme *tout-imitateur*, ou plutôt imitateur de tout, qui, par ses mouvements & ses gestes, fait exprimer toutes les actions, toutes les affections des hommes. Si l'usage de ce mot n'est point antérieur à Auguste, ? qu'en peut-on conclure. Sa racine, le mot *Mime*, fut employée de toute antiquité par les Grecs; & il est aisé de voir que le complément qu'on y ajouta depuis ne fut qu'un éloge dicté par l'enthousiasme & par la flatterie. On me répondra peut-être que les Mimes étoient fort différents des Pantomimes. J'ai dit ailleurs ce que l'on doit penser de cette distinction.

(12) ON DIVISOIT la Saltation en *Cubistique*, *Sphæristique*, & *Orchestique*. La première étoit plutôt un exercice violent du corps, qu'une Pantomime; elle étoit composée de sauts, de mouvements rapides, de contorsions. Telle fut celle des Bacchantes. Le mot ΚΥΒΙΣΗΡ signifie proprement un homme qui saute sur la tête, qui fait la culbute. La Saltation sphæristique étoit liée à l'exercice de la paume *saltatio cum pila*, & ainsi nommée de ΣΦΑΙΡΑ qui signifie une balle. Enfin la Saltation orchestique étoit celle qui s'exécutoit au Théâtre, *in orchestrâ*, celle dont il est question dans ce Chapitre.

(13) ON SAIT que les Grecs & les Romains ne donnoient point à ce mot la même acception que nous; mais que, chez eux, il signifioit les justes proportions des intervalles, l'enchaînement agréable & mesuré des sons.

(14) CETTE UNION est telle, & fut tellement sentie dans tous les temps, qu'on donnoit aux Poètes anciens l'épithète de Saltateurs (ΟΡΧΗΣΙΚΟΙ).

(15) CETTE COMPARAISON de Plutarque suffiroit pour déterminer l'idée que l'on doit se former de la Saltation des Anciens. En effet, ? en quoi consiste la Poésie ¿: dans le rhythme & dans les images. ? Qu'est-ce qui constitue l'art du Pantomime ¿ : les gestes mesurés & imitatifs. Sans imitation, point de Poésie ; sans expression, ? que signifient les mouvements du corps. C'est donc avec peu de raison, c'est par une suite des préjugés qui nous aveuglent, que l'on a critiqué l'Abbé Dubos d'avoir soutenu que la Saltation des Romains ne ressembloit point à notre Danse. ? Etoit-ce la faute de cet Auteur si nos ballets n'expriment rien. Il seroit vraiment curieux de voir un de nos Danseurs représenter Hercule furieux, par des chassés & des rigaudons. Avouons-le de bonne-foi, une combinaison de pas cadencés, quelque savante qu'elle soit, ne formera pas plus une Pantomime, qu'une longue suite de syllabes, rangées douze par douze, & escortées de la rime, ne peut seule former un Poëme.

(16) IL ME PAROIT que l'on n'a point assez réfléchi sur cette matérialité, cette opération manuelle qui distinguent la Peinture & la Sculpture des autres arts. Cette distinction néantmoins étoit bien importante à saisir : car, d'un trait, elle fixe nos idées sur l'essence des beaux Arts, & nous en montre une nouvelle division, formée par leur nature même. On reconnoît en la suivant, que la Peinture & la Sculpture tiennent de plus près à la Matière ; la Musique, la Poésie, le geste, à l'imagination : que les premières parlent directement à nos ſens, & que les autres agiſſent ſur notre ame; que le type des unes eſt hors de nous, la ſource des autres en nous même; que les unes ne peuvent imiter que des corps, tandis que les autres peignent même des rapports intellectuels. Il réſulte de cette comparaiſon que le domaine de la Peinture & de la Sculpture eſt borné à tout ce que l'on voit, à tout ce que l'on peut toucher; tandis que la Muſique, par exemple, peut exprimer ce que l'on ne ſauroit entendre. Enfin cette nouvelle analyſe nous montre par quelle cauſe la Peinture & la Sculpture ne ſont pas auſſi puiſſantes, ne font pas ſur notre ame des impreſſions auſſi profondes, auſſi durables que les autres Arts. Celui des couleurs & des reliefs eſt muet, inanimé; il eſt borné par ſa nature à un eſpace de temps très-court, il ne peut ſaiſir qu'un ſeul geſte de la paſſion; tandis que les autres n'ont point de limites dans la durée des temps. Le mouvement & la voix lui ſont interdits, &, ſans le mouvement, ſans la voix, il n'eſt point d'être animé. A la vérité ſes imitations ſont beaucoup plus exactes, par cela même qu'elles tiennent de plus près à la nature; mais celles des autres Arts nous émeuvent davantage, parce qu'elles ſemblent nous appartenir plus particulièrement. En imitant, nous croyons créer; notre amour propre eſt flatté, & d'ailleurs, tandis que la Peinture & la Sculpture tendent à nous iſoler, les Arts vocaux au contraire annoncent la préſence de l'homme, & nous impulſent par une force irréſiſtible à nous rapprocher de nos ſemblables.

(17) Cela est ſi vrai, qu'on voit ſouvent des hommes qui n'ont aucune notion du deſſin, à l'aide ſeule du compas & du ciſeau, ſculpter des ſtatues auxquelles un œil peu exercé ne trouveroit rien à deſirer. Lorſqu'un Statuaire veut exécuter un grand ſujet en marbre, il le

modèle d'abord en terre. Ce modèle est mis au four, & sert à couler un plâtre de même forme. On place ensuite ce plâtre sous un chassis carré dont les côtés sont divisés en un certain nombre de parties par des fils tombant à plomb. Le bloc de marbre est mis sous un chassis tout semblable, & alors un homme, qu'on appelle un *Metteur au point*, sans savoir ni dessiner ni sculpter, prend le ciseau & le compas, taille le marbre, & l'amène à un degré parfait de similitude avec le plâtre. Mais ici finit le méchanisme, & le génie reprend son empire. Ce marbre, ainsi calqué, est mou, sans formes, inanimé : il n'appartient qu'à l'ami de Minerve de lui donner la vie. Ah! qu'on ne nous accuse point de vouloir rabaisser les beaux-Arts. Nul ne fut plus que nous soumis à leur empire. Mais, semblables au Peintre qui, pour habiller une figure, commence par rechercher le nud, afin de mieux établir ses draperies, nous analysons les Arts, pour parvenir à les mieux connoître; nous les disséquons, nous écartons tout ce qui tient à l'imagination, pour en découvrir les principes fondamentaux, & pour montrer à l'Artiste, souvent entraîné par l'impulsion du génie, le vrai but auquel il doit tendre, & les limites intransgressables qui lui sont imposées.

(18) LE DESSIN peut de même être réduit à cette précision mathématique. Car, outre la pratique du calque, on peut avec le compas & le crayon tracer les figures de tous les corps; & d'ailleurs les opérations de réduction, de mise en perspective, & plusieurs autres, se font par de véritables procédés géométriques.

(19) PAR SA nature même, l'art Statuaire a sur la Peinture un avantage bien précieux & qui l'élève beaucoup au-dessus des autres Arts; c'est que deux de nos ſens peuvent nous en tranſmettre les effets, ſavoir la vue & le toucher. Car, puiſque le relief eſt ſon moyen d'imitation, il eſt certain que le tact, au défaut des yeux, peut nous donner une idée exacte de la Sculpture, reſſource qui diſparoît devant la ſurface unie d'un tableau. Ainſi l'aveugle de naiſſance n'eſt point privé des chef-d'œuvres de cet Art. Il parviendra à en apprécier les beautés, en comparant ſous ſes doigts la copie de l'Artiſte à de bons modèles. Il pourra même, ſinon travailler au ciſeau, du moins modeler. Semblable au metteur à point dont j'ai parlé précédemment, ſes doigts lui ſerviront de compas. Quelque étrange que paroiſſe cette aſſertion, elle ceſſera d'étonner ſans doute, ſi l'on réfléchit que, tant que nous poſſédons l'organe de la vue, le ſens du toucher demeure en nous dans un état d'imperfection, & comme de pareſſe. La nature, cette mère prévoyante, ſemble nous l'avoir donné comme un corps de réſerve, pour remplacer en quelque ſorte la perte des yeux. Il acquiert en effet, par cet accident, une fineſſe, une perſpicacité, dont à peine pouvons-nous nous former une idée. Rien ne lui échappe que les couleurs, illuſion optique. J'ai ſouvent penſé qu'il ſeroit bon d'exercer, plus ſouvent qu'on ne le fait, le tact des enfants, en les privant du ſecours de la vue. Ce ſeroit une étude de moins qu'ils auroient à faire en cas de cœcité.

(20) En bornant la Muſique au pouvoir phyſique des ſons, on eſt tombé dans une erreur grave, & cette erreur a donné naiſſance aux idées les plus ridicules. Le P. Caſtel, par exemple, qui penſoit ainſi, ayant cru trouver de l'analogie entre le calcul des ſons & celui de la réfraction des divers rayons ſolaires qui donnent les couleurs primitives (couleurs que l'on fait au-

jourd'hui n'être point au nombre de ſept, mais ſe réduire à trois, le rouge le jaune & le bleu), le P. Caſtel, dis-je, imagina le clavecin oculaire, chef-d'œuvre de la folié humaine. Car, de quelque manière qu'on les combine, ? que peuvent dire à l'ame des couleurs iſolées, où l'on ne voit ni deſſin, ni formes, ni ombres, ni nuances.

Une autre ſuite de ce ſyſtême dangereux ſeroit de refuſer à la Muſique le pouvoir d'imiter. En effet, l'ébranlement des nerfs étant produit par des cauſes phyſiques, il n'en peut réſulter rien de moral, & ſi la Muſique n'agit point ſur nous par des impreſſions morales, il eſt certain qu'alors elle n'eſt point un art imitatif.

Il eſt vrai que ſes imitations n'ont point l'exactitude de celles que produiſent la Peinture & la Sculpture, qu'elles ſont difficiles à exécuter, qu'elles peuvent paroître vagues, arbitraires, conventionnelles même, à des eſprits ſuperficiels. Mais cherchons quelles ſont les cauſes de ces imperfections, & nous reconnoîtrons qu'elles ne tiennent nullement à la nature de l'art; que, tout au contraire, elles ſont une ſuite des révolutions que la Muſique a éprouvées, révolutions qui la conduiſent à grands pas vers ſa ruine totale, ſur-tout dans ce tems où l'on ſe perd en de vains raiſonnements ſur un art qui ne veut qu'être ſenti, qui, ſemblable à l'éloquence, n'a d'autre force que la perſuaſion, que la vive émotion des ſens.

1°. Notre ſyſtême muſical qui exclut le genre enharmonique, & qui, bâti uniquement ſur celui des gammes, ne peut nous donner que des ſucceſſions uniformes, que des modulations forcées, eſt beaucoup plus borné, beaucoup plus contraint que celui des Grecs, lequel fut lui-même resserré par des loix plus rigoureuses que celles des systêmes musicaux des premiers Peuples du monde. La marche de notre mélodie étant donc extrêmement gênée par toutes ces entraves, il suit delà qu'il faut un travail & une opiniâtreté presque rebutante, pour donner à nos chants l'expression qui leur convient, sans blesser les loix qui nous enserrent de toutes parts. C'est ainsi que, dans notre versification, il est très-difficile, j'ai failli dire impossible, d'allier aux règles qu'elle prescrit, l'élégance, la pureté, le choix des images, celui sur-tout du mot propre, & le style convenable au sujet que l'on traite.

Mais cet inconvénient, comme on le voit sans peine, ne tient point à la nature de la Musique ; il vient uniquement de la forme que nous lui avons donnée, de la contexture de notre systême musical. Nous ne devons donc nous en prendre qu'à nous même des chaînes que nous nous sommes forgées, & ne point conclure d'une difficulté qui est notre ouvrage, que la mélodie se refuse à l'imitation.

2°. Du moment que le systême musical se trouva resserré dans des bornes plus étroites, & que par conséquent la mélodie fut devenue pénible & contrainte, les règles prirent la place de la vérité de l'expression, & la science harmonique tint lieu du génie. Bientôt on se lassa de la plus stérile des études celle de la Musique théorique, & l'on se dédommagea de la dureté des entraves par des chants agréables mais insignifiants. Delà, cette multitude de productions charmantes & ridicules dont nous sommes inondés, ou plutôt, delà notre Musique moderne. Car, à la réserve d'un petit nombre d'hommes de génie, nos Compositeurs ont tellement perdu de vue le principe de leur art, qu'ils ne s'occupent plus qu'à combiner des sons de la manière la plus flatteuse pour l'oreille. Il seroit inutile de leur en demander davantage. Ils chantent, parce qu'ils ne savent plus parler. Je le dis à regret : l'Italie a tiré la Musique du néant, & maintenant elle l'y replonge (*). Ces milliers d'Opéra bouffons, notés avec une facilité presque incroyable, choquent également la vraisemblance & le bon goût. Leurs prétendues beautés musicales en font la condamnation, lorsque l'on examine l'intrigue absurde & les paroles misérables de ces Drames. En effet une beauté déplacée cesse d'en être une : elle devient un défaut, puisqu'elle est un contre-sens.

Celui qui, d'après l'état actuel de la Musique, concluroit que cet art se borne à la combinaison agréable des sons, & qu'il est impuissant pour imiter l'accent des passions humaines, ressembleroit assez au Roi d'un peuple de manchots qui prétendroit que l'homme naquît avec un seul bras, & qu'il lui seroit nuisible d'en avoir deux.

3°. Le défaut de prosodie de notre langue est une des autres causes qui rendent plus arbitraire l'imitation musicale. Le Citoyen de Genève a approfondi cette

---

(*) Notre goût est tellement dépravé, que l'on ne fait presque plus aucun cas de la Musique de Pergoleze, ce Peintre inimitable de l'accent des passions humaines ; & l'on a pris en conséquence le sage parti de refaire ses intermèdes. Son *chant barbare*, ses *intonations dures* rendent sa mélodie insupportable, s'écrient les pitoyables prôneurs du nouveau Théâtre de cette Capitale. Un de nos Journalistes disoit à ce sujet que, *de tous les beaux-arts, la Musique étoit sans contredit le plus assujetti aux caprices de la mode.* Quand une pareille assertion est devenue une vérité, on peut bien comparer les Musiciens & leurs Auditeurs au Midas de la Fable.

matière dans sa *Lettre sur la Musique Françoise*, & l'on peut concevoir aisément combien il est difficile de composer des chants uniquement propres pour des paroles données, lorsque le mêtre de ces paroles est indéterminé. Mais ce vice est encore étranger à la Musique, puisqu'en unissant la mélodie à une langue rhythmique & accentuée, on le verra disparoître aussi-tôt.

Je ne puis m'empêcher de m'arrêter ici quelques instants sur la rétractation que l'on attribue à Rousseau au sujet des propriétés musicales de la Langue Françoise; rétractation dont on a fait tant de bruit, & que cependant on n'a trouvé consignée dans aucun des écrits posthumes de ce grand homme, quoiqu'il nous ait laissé des observations particulières sur quelques Opéra de Gluck.

On en fixe communément l'époque à une représentation de l'*Iphigénie en Aulide*. Car je dois observer que l'estimable Auteur de l'introduction des Œuvres du Citoyen de Genève publiées par le sieur Poinçot, s'est trompé en rapportant cette rétractation à l'*Orphée* de Gluck (*). *Orphée* est un Opéra Italien, & l'anecdote que cite M. M. ne prouveroit rien en faveur de notre langue.

Examinons d'abord quelles sont les loix de la Musique Dramatique.

De même que, dans le Poème que l'on veut mettre en chant, tous les mouvements, toutes les situations peuvent être comprises dans ces deux cas, *Action*, & *Récit*, de même on peut réduire les règles qui doivent

(*) Voyez, dans cette édition nouvelle, les notes que j'ai jointes aux divers Ouvrages de Rousseau sur la Musique, & particulièrement à la *lettre sur la Musique Françoise*.

guider le Muſicien, à deux principes fondamentaux : imiter l'accent des paſſions, & peindre les objets qui, préſents, ou retracés ſur la ſcène, participent à l'action Dramatique. De ces deux peintures, la ſeconde appartient excluſivement à l'orcheſtre, la première peut être exécutée par les voix & par les inſtruments. Souvent ſimultanées, elles peuvent néanmoins avoir des caractères entièrement oppoſés, & c'eſt à bien ſaiſir le véritable emploi de ces diverſes combinaiſons (*), que conſiſte le talent du Compoſiteur. ? Veut-on peindre, par exemple, Atrée liſant à Euriſthène la lettre d'Ærope ¿ ; tandis que l'orcheſtre, par des tons lugubres, imitera la douleur & les derniers ſoupirs de l'épouſe de Thyeſte, le chant d'Atrée exprimera la rage & le dépit que cette lecture lui inſpire. Mais j'ajouterai que

(*) Elles ſe réduiſent aux cas ſuivants. Si le rôle eſt en action, le Muſicien mettra dans le chant de l'Acteur l'accent de la paſſion qui l'anime, & ſon orcheſtre, tantôt ſe bornera à renforcer cette expreſſion, tantôt, pour rendre le tableau complet, s'arrêtera à peindre les objets dont la préſence excite les affections du perſonnage qui eſt en ſcène. Si le rôle eſt en récit, ou la choſe récitée eſt perſonnelle à l'Acteur, ou elle lui eſt étrangère. Si elle lui eſt perſonnelle, en la rappellant à ſa mémoire, il reprend aiſément les impreſſions qu'il reſſentit à l'époque de l'évènement qu'il raconte ; le cas eſt alors le même que celui de l'action ; la même règle doit guider le Compoſiteur. Il eſt poſſible néanmoins qu'un Héros retrace dans ſon eſprit un mouvement de foibleſſe auquel il ſuccomba, qu'il ſe rappelle avec douleur les fers que lui donna la beauté, l'empire honteux qu'eût ſur lui l'amour. Alors le chant de l'Acteur ne doit peindre que le ſentiment qu'il éprouve à l'inſtant du récit. Toute autre expreſſion feroit un contre-ſens. Enfin, ? la choſe récitée eſt-elle étrangère au narrateur ¿, l'orcheſtre ſeul peut en retracer la peinture, mais le chant doit être l'expreſſion fidèle des mouvements que ce récit excite dans l'ame de celui qui le fait. Tel eſt l'exemple d'Atrée liſant la lettre d'Ærope.

celui-là feroit un contre-sens total, qui, dans les scènes où Atrée témoigne à Thyeste une fausse amitié, chercheroit, par les inflexions du chant, à faire soupçonner la perfidie d'Atrée. La dissimulation doit être parfaite, sans quoi l'on choqueroit la vraisemblance; car Thyeste, avec tant de raisons de défiance, ne pourroit être excusable de se laisser prendre à ce piége grossier.

Nous venons de reconnoître deux choses distinctes dans la Musique Dramatique; les modulations de l'orchestre, & les parties chantantes. La mélodie instrumentale est de toutes les langues; c'est-à-dire que, n'étant point liée à des paroles, elle n'est asservie aux inflexions, au génie, à la prosodie, d'aucun idiôme. A la vérité, elle ne jouit pas entièrement de cette liberté dans la scène lyrique. Car les parties de l'orchestre étant liées par les loix de l'harmonie aux parties chantantes, le rhythme & les modulations de celle-ci imposent une sorte de contrainte à la marche & au caractère de la mélodie instrumentale.

Quant à la mélodie vocale, qui doit peindre sans cesse les passions de l'Acteur, qui doit fixer sa déclamation; la prosodie & les accents sont nécessaires à sa perfection, à son existence même. On distingue trois sortes d'accents (*), le grammatical, le logique ou rationel, & le pathétique ou oratoire. La Langue Françoise n'a point d'accent grammatical; car il ne faut point prendre pour des inflexions diverses nos accents graves, aigus, circonflexes. Ils ne signifient absolument rien, & je ne sais point de réponse à cette objection, que, sans défigurer les mots, on peut prononcer

(*) Rousseau, Dict. de Mus. art. *Accent.*

toutes

toutes nos voyelles, toutes nos syllabes sur le même ton de voix.

Nous ne sommes guères mieux partagés en prosodie. Car, malgré les excellentes observations de l'Abbé d'Olivet, malgré le zèle des défenseurs de la Langue Françoise, une preuve incontestable que cette Langue n'a point de rhythme déterminé, c'est que nos vers ne ressemblent nullement à ceux des Grecs & des Romains, qu'il nous seroit impossible d'en faire de scandés, & certes, si nous pouvions former des dactyles, des spondées, nous en ferions usage dans une locution qui cesse de différer de la prose dès qu'elle ne peut plus être mesurée. L'uniformité des rimes, le nombre égal des syllabes, l'interdiction des enjambements, la loi des hémistiches, règles inconnues aux Anciens, & qui forment les seules qualités distinctives de notre versification, loin de lui être avantageuses, ne sont que des entraves qui portent également atteinte au bon sens & à l'expression du sentiment.

Restent donc pour la mélodie l'accent rationel & l'accent pathétique. Le premier, entièrement ignoré des Musiciens, est beaucoup trop négligé dans notre langue. L'unique moyen que nous eussions de le conserver étoit la Ponctuation; mais, de jour en jour, elle devient plus vicieuse & plus indéterminée. Le second, nécessairement lié au vocabulaire des langues, dépend beaucoup de leur caractère, de leur génie. En effet, ? comment, par exemple, peindroit-on l'amour, dans un idiôme qui n'offriroit que les termes de l'art Militaire ou que des mots consacrés au Commerce. On ne doit pas se le dissimuler, plusieurs des langues vivantes ont en ce point beaucoup d'avantage sur la nôtre, très-peu riche sur-tout en diminutifs; mais néantmoins le chantre d'Héloïse nous a prouvé combien elle est brûlante, lorsque l'on sait la manier avec art.

Si maintenant, rapprochant toutes ces idées, on en fait l'application aux Opéra François que Gluck a composés, on reconnoîtra que l'estime de Rousseau pour ces ouvrages n'est point contradictoire avec les principes établis par ce Philosophe, & que, de bonne-foi, l'on ne peut qualifier de rétractation l'expression énergique d'un sentiment impérieux, la vive exclamation de l'enthousiasme.

En effet 1°. nul Compositeur n'a su tirer des instruments un aussi grand parti que Gluck. Souvent, dans ses compositions, ils peignent les tableaux les plus vastes, les images les plus terribles. C'est dans son orchestre que vous trouverez la pompe imposante des sacrifices, les horreurs de la guerre, le cri qui rappelle à la gloire l'amoureux Renaud, la peinture effrayante des Enfers, les gémissements des Mânes, l'aboyement de Cerbère, le calme inaltérable des champs Elysiens. Or la mélodie instrumentale, ainsi que je l'ai dit plus haut, n'étant pas asservie au génie de la langue, la supériorité de Gluck en ce point, avouée par Rousseau, ne sauroit être opposée aux principes de ce Philosophe.

2°. Quoique Gluck ne parlât point notre langue avec facilité, néantmoins il la possédoit parfaitement: il saisissoit avec justesse l'enchaînement des phrases & la coupe du discours. Il suffit de parcourir ses ouvrages pour reconnoître que, par-tout, il observe l'accent logique avec le plus grand soin; ce que nul Musicien n'avoit fait avant lui. Lorsque la facture d'un air nécessite la répétition des paroles, il l'ammène adroitement, & sait les couper avec une habileté rare. Je n'en citerai pour exemple que cet air d'Iphigénie: *Cruelle non jamais votre inflexible cœur &c.* Rouſſeau n'a point nié l'exiſtence de l'accent rationel dans la langue Françoiſe ; il n'y a donc point encore ici de contradiction.

3°. Mais ce qui doit ſur-tout éterniſer la mémoire de Gluck, ce qui l'élève tellement au-deſſus des autres Muſiciens, qu'en nous livrant à nos regrets, il nous a ravi tout eſpoir de voir naître jamais ſon égal, c'eſt ſon inépuiſable talent pour le genre pathétique. Déclamateur conſommé, il a ſaiſi les inflexions même de la nature, &, rapprochant, à l'exemple des Anciens, le chant de la déclamation, il ſemble avoir déterminé le point où finit l'une & où l'autre commence. On a peine à concevoir comment, avec un auſſi petit nombre d'intonations, il a pu donner à ſes chants autant d'énergie, autant de vérité.

Guidé dans cette diſcuſſion par l'amour de la vérité, & par le reſpect que l'on doit à la mémoire des grands hommes, j'ai prouvé que les qualités diſtinctives des Opéra de Gluck s'accordent parfaitement avec les propriétés muſicales de notre langue, & ne ſont point fondées ſur des avantages que celle-ci ne ſauroit avoir ; que, par conſéquent, l'eſtime de Rouſſeau pour les Ouvrages de ce grand Muſicien n'eſt point une rétractation, puiſqu'elle ne contredit nullement les principes que le Philoſophe de Genève a établis dans ſes écrits. J'en ai pris occaſion de développer les loix de la Muſique Dramatique, loix auſſi peu connues que pratiquées par les compoſiteurs : maintenant je reviens à mon ſujet.

On a vu ci-deſſus que les difficultés que préſente l'imitation muſicale ne ſont point inhérentes à la nature de l'art. Si donc quelques Ecrivains ont nié la réalité de cette imitation, c'eſt qu'ils n'ont point ſu en diſcerner le caractère. Equiparant la Muſique à la Peinture

& à la Sculpture, ils ont vu dans celles-ci une imitation exacte, une représentation fidelle des objets : dans l'autre au contraire ils n'ont trouvé que des chants arbitraires, que des modulations agréables.

Avec plus de réflexion néantmoins ils eussent reconnu que la Musique n'a & ne peut avoir aucune analogie avec la Peinture & la Sculpture. ? Quel rapport en effet peut-on établir entre les formes de la matière & les vibrations d'un corps sonore, entre la copie muette, inanimée d'un objet & l'inflexion, le développement des sons. Si ces auteurs eussent considéré au contraire que, de tous temps, la Musique fut unie à la Poésie, que, chez les Egyptiens, chez les Grecs, chez les plus anciens Peuples, on ne les séparoit point l'une de l'autre, alors ils auroient apperçu l'analogie parfaite qui existe entre ces deux arts, & cette analogie les auroit conduits à conclure que L'IMITATION MUSICALE CONSISTE A EXCITER DANS L'AME DES AUDITEURS, PAR LE MOYEN DES SONS, DES SENSATIONS SEMBLABLES A CELLES QU'Y FEROIT NAITRE LA PRÉSENCE DES OBJETS ANIMÉS OU INANIMÉS QUE L'ON VEUT PEINDRE. Tel est en effet la nature, l'objet essentiel de la Musique. Tel est le principe invariable qui guida dans leurs chants les *Pergolèse*, les *Leo*, les *Jomelli*, les *Gluck*, & que l'on trouve également développé dans les écrits & dans les compositions de l'Auteur du *Devin du Village*.

Ainsi ce n'est que par des affections morales que la Musique agit sur nous. Si son pouvoir se bornoit à des impressions physiques, il seroit presque nul ; car il faudroit le réduire à l'ébranlement agréable ou désagréable qu'excite dans nos nerfs tel ou tel son, & l'on peut s'épargner cette absurdité. D'ailleurs, considérés uniquement sous un rapport physique, ? que peuvent imiter des ſons. Rien autre choſe que des ſons. Ils ne peuvent pas même imiter les inflexions de la voix, puiſqu'elles ſont inappréciables pour nous. Il faut donc avouer que la Muſique ne les emploie que comme des ſignes repréſentatifs & conventionnels. Envain ſe réduiroit-on à ſoutenir que, quoiqu'elle ne peigne rien, la Muſique nous plaît par le choix des ſons, par leur enchaînement, par les rapports qui exiſtent entr'eux. ! Vaines déclamations ¡ ? Que diroit à notre ame l'arrangement le plus harmonieux de diverſes couleurs ſur une palette. Un chant qui n'eſt qu'agréable pourra bien nous plaire un moment; mais il ne fera point couler nos larmes, il ne nous pénétrera point de ces impreſſions profondes que fait ſur nous une Muſique ſublime, ou, s'il nous affecte fortement, comptez que c'eſt par des cauſes cachées qui, ſans que nous les appercevions, agiſſent ſur notre ame, telles que le ſouvenir d'une ſenſation agréable ou douloureuſe; & nullement par la contexture des ſons qui le compoſent. En refuſant à la Muſique le pouvoir d'imiter, on ſeroit obligé de nier l'empire qu'elle a toujours eu ſur l'homme, & cette dénégation ne ſeroit pas une preuve de bonne-foi. J'ignore combien de temps encore nous diſputerons ſur la nature de la Muſique; mais je puis prédire que les ſavantes Diſſertations de nos modernes Philoſophes acheveront & précipiteront ſa ruine. Chacun la définiſſant à ſa guiſe, on ceſſera bientôt de s'entendre, &, dans ce cahos d'idées, l'art de former des chants expreſſifs devenant auſſi difficile que celui de les juger, la Muſique ne ſera plus qu'un vain bruit, une ſtérile combinaiſon d'accords & de modulations.

(21) *Omnis motus animi ſuum quemdam à naturâ habet vultum & ſonum & geſtum; totumque corpus hominis,*

& ejus omnis vultus, omnes que voces, ut nervi in fidibus ita sonant, ut à motu animi quoque sunt pulsæ. Nam voces ut chordæ sunt intentæ quæ ad quemque tactum respondeant &c. Cic. de Orat. l. 3.

(22) AUSSI la Musique la Poésie & la Danse ont-elles un effet beaucoup plus puissant lorsqu'elles sont réunies. Alors la Poésie nous peint le langage des passions, la Musique le rend plus expressif par l'accent qu'elle y ajoute, & ce langage acquiert encore une nouvelle force par le geste, qui devient, si je puis m'exprimer ainsi, le complément de l'expression pathétique. Combien il seroit à désirer que nos Auteurs Lyriques ne perdissent jamais de vue ces rapports. On ne verroit plus alors de ces productions bisarres où la Musique étouffe les paroles, les dénature, les surcharge de vains ornements, où la Danse, cherchant à briller aux dépens de ses sœurs, interrompt l'action du Poëme, & ne nous présente pour dédommagement que des sauts hardis, des pirouettes, des attitudes voluptueuses, qui nous font sans cesse oublier l'Actrice, pour nous montrer la Courtisanne.

(23) Διὸ μίμησις τῶν λεγομένων σχήμασι γενομένη τὴν ὀρχηστικὴν ἐξειργάσατο τέχνην ἅπασαν. De leg. l. 7.

(24) CHIRONOMIA — *est (ut nomine ipso declaratur) lex gestus, & ab illis temporibus heroicis orta* est, *& à summis græciæ viris, & ab ipso etiam Socrate probata, à Platone quoque in parte civilium posita virtutum, & à Chrysippo in præceptis de liberorum educatione compositis, non omissa.* Instit. l. 1, c. 11.

(25) CES Danses étoient certainement imitatives, puisque l'une d'elles représentoit la nativité d'Apollon & de Diane. Le Pœan, cantique en l'honneur du Dieu de la lumière, étoit accompagné de Danses en chœur.

(26) Καὶ Τέλεσις δὲ ἢ Τελεστὴς ὁ ὀρχηστοδιδάσκαλος πολλὰ ἐξεύρηκε σχήματα, ἄκρως ταῖς χερσὶ τὰ λεγόμενα δεικνυούσαις. Ἀριστοκλῆς γοῦν φησιν, ὅτι Τελεστὴς ὁ Αἰσχύλου ὀρχηστὴς οὕτως ἦν τεχνίτης, ὥστε ἐν τῷ ὀρχεῖσθαι τοὺς ἑπτὰ ἐπὶ Θήβας φανερὰ ποιῆσαι τὰ πράγματα δι' ὀρχήσεως. Athénée. Deipnosoph. l. 1, c. 19.

(27) Καὶ πρῶτον γε ἐκεῖνο Πάνυ ἠγνοηκέναι μοὶ δοκεῖς ὡς οὐ νεώτερον τὸ τῆς ὀρχήσεως ἐπιτήδευμα τοῦτό ἐστιν, οὐδὲ χθὲς καὶ πρώην ἀρξάμενον, οἷον κατὰ τοὺς προπάτορας ἡμῶν, ἢ τοὺς ἐκείνων ἀλλ' οἵ γε τ' ἀληθέστατα ὀρχήσεος πέρι γενεαλογοῦντες, ἅμα τῇ πρώτῃ γενέσει τῶν ὅλων φαῖεν ἂν σοὶ καὶ ὄρχησιν ἀναφῦναι τῷ δ' ἀρχαίῳ ἐκείνῳ ἔρωτι συναναφανεῖσαν. Lucien de Salt.

A cette autorité j'en joindrai une, plus moderne mais non moins respectable, & je m'en appuye d'autant plus volontiers, qu'elle me fournit l'occasion de rendre hommage à l'Ecrivain le plus vertueux, le plus sensible, le plus éloquent qui soit parmi nous, depuis que nous avons perdu l'Auteur d'Emile. M. de St. Pierre dit dans son Ouvrage intitulé Paul & Virginie: *La Pantomime est le premier langage de l'homme; elle est connue de toutes les Nations: elle est si naturelle & si expressive, que les enfants des blancs ne tardent pas à l'apprendre, dès qu'ils ont vu ceux des noirs s'y exercer*, &c.

(28) Αὐτῷ δὲ τῷ ῥυθμῷ μιμοῦνται χωρὶς ἁρμονίας, οἱ τῶν ὀρχήστων: καὶ γὰρ οὗτοι διὰ τῶν σχηματιζομένων ῥυθμῶν μιμοῦνται καὶ ἤθη καὶ πάθη καὶ πράξεις. Aristot. Poet. c. 1.

» La plûpart des Saltateurs imitent par le rhythme » seul, sans le secours de l'harmonie. C'est par ce » rhythme que forme l'assemblage de leurs gestes, qu'ils » imitent les mœurs, les passions, & les actions des » hommes «.

(29) Je ne puis m'empêcher d'insister encore ici sur

la haute antiquité de l'art Pantomimique. Envain l'Abbé Dubos a ſoutenu qu'on avoit eu tort de le croire plus ancien que le ſiècle d'Auguſte. » On a pris » dit cet Auteur, » pour l'art des Pantomimes, qui conſiſtoit à » réciter une Pièce ou une Scène ſuivie ſans parler, ce » que Tite-Live appelle *imitandorum carminum actum*, » l'art d'exprimer à ſon gré & arbitrairement en danſant » quelques paſſions, art qui étoit certainement plus an- » cien qu'Auguſte «. ? Qui ne voit que l'Abbé Dubos s'eſt arrêté à une diſtinction frivole, qu'il a fait deux arts d'un ſeul, ou que plutôt il a fixé l'origine de celui des Pantomimes à l'époque où cet art, déjà pratiqué depuis des ſiècles, a éprouvé de développements conſidérables. J'ai donc eu raiſon de dire au commencement de cet Ouvrage que la diverſité des opinions des Auteurs Mimographes ſur l'origine de la Saltation, ne venoit que du défaut de s'entendre. Depuis que l'on cultive les Sciences, combien de diſputes, à la honte de l'eſprit humain, ont, comme celle-ci, roulé ſur l'acception d'un mot.

(30) Homère, le plus ancien des Poëtes connus, regardoit la Saltation comme un art ſi noble & ſi beau, qu'il la déſigne par l'épithète ἈΜΎΜΩΝ qui ſignifie *irréprochable*.

(31) Ἐν δὲ χορὸν ποίκιλλε περικλυτὸς ἀμφιγυήεις,
Τῷ ἴκελον οἷόν ποτ' ἐνὶ Κνωσσῷ εὐρείῃ
Δαίδαλος ἤσκησεν καλλιπλοκάμῳ Ἀριάδνῃ.
Ἔνθα μὲν ἠΐθεοι καὶ παρθένοι ἀλφεσίβοιαι
Ὠρχεῦντ', ἀλλήλων ἐπὶ καρπῷ χεῖρας ἔχοντες.
Τῶν δ' αἱ μὲν λεπτὰς ὀθόνας ἔχον, οἱ δὲ χιτῶνας
Εἵατο ἐϋννήτους ἦκα στίλβοντας ἐλαίῳ.
Καί ῥ' αἱ μὲν καλὰς στεφάνας ἔχον, οἱ δὲ μαχαίρας
Εἶχον χρυσείας ἐξ ἀργυρέων τελαμώνων.

Οἱ δ'ὅτε μὲν θρέξασκον ἐπισαμένοισι πόδεσσι
Ῥεῖα μάλ', ὡς ὅτε τις τροχὸν ἀρμένον ἐν παλάμῃσιν
Ἑζόμενος κεραμεὺς πειρήσεται αἴκε θέῃσιν.
Ἄλλοτε δ'αἰ θρέξασκον ἐπὶ στήχας ἀλλήλοισι.
Πολλὸς δ'ἱμερόεντα χορὸν περιίσταθ'ὅμιλος
Τερπόμενοι δοιὼ δὲ κυβιστητῆρε κατ' αὐτοὺς
Μολπῆς ἐξάρχοντες ἐδίνευον κατὰ μέσσους.

Homer. Iliad. l. 18, in fin.

» Le divin Boiteux repréſenta ſur le bouclier d'A- » chille une Danſe ſemblable à celle que Dédale fit jadis » connoître dans Cnoſſus, & qu'il compoſa pour Ariadne » à la belle chevelure. On y voyoit de jeunes hommes, » de jeunes filles encore vierges, les mains fermées l'une » dans l'autre, former avec art des pas cadencés. Celles- » ci n'avoient pour vêtement qu'une étoffe légère; les » jeunes hommes, brillants de l'huile du gymnaſe, por- » toient des tuniques d'un tiſſu plus ſolide. Des épées » enrichies d'or étoient ſuſpendues à leurs baudriers d'ar- » gent, & leurs compagnes avoient le front ceint de » couronnes de fleurs. Tous danſoient en rond, & fe- » ſoient un mouvement ſemblable à celui de la roue du » Potier, lorſqu'aſſis ſur une eſcabelle, il l'eſſaye pour » la faire tourner avec rapidité. Suſpendant cette ronde, » ils formoient enſuite entr'eux diverſes figures. Un » peuple nombreux les entouroit, &, au centre, deux » Saltateurs, étudiant leurs geſtes, exécutoient une danſe » particulière entremêlée de chants «.

(32) Le Poeme qu'il chantoit étoit appellé *Sitalce*, du nom d'un Roi des Thraces.

(33) Ἐπεὶ δ'αὶ σπονδαὶ τ'ἐγένοντο καὶ ἐπαιώνισαν, ἀνέστησαν πρῶτον Θρᾷκες, καὶ πρὸς αὐλὸν ὠρχήσαντο σὺν τοῖς ὅπλοις, καὶ ἥλλοντο ὑψηλά τε καὶ κούφως, καὶ ταῖς μαχαίραις ἐχρῶντο. τέλος δὲ ὁ ἕτερος παίει, ὡς πᾶσι δοκεῖν πεπληχέναι τὸν ἄνθρωπον. ὁ δ',

ἵπασι τεχνικῶς πως. καὶ ἀνέκραγον οἱ παφλαγόνες. καὶ ὁ μὲν, σκυλεύσας τὰ ὅπλα τοῦ ἑτέρου, ἐξῄει ᾄδων σιτάλκαν. ἄλλοι δὲ καὶ τῶν θρακῶν τὸν ἕτερον ἐξέφερον ὡς τεθνεῶτα. ἦν δὲ οὐδὲν πεπονθώς. Xenoph. Exped. Cyr. l. 6.

(34) Ὡ δὲ τρόπος τῆς ὀρχήσεως ἦν ὁ δὲ. ὁ ἢ, παραθέμενος τὰ ὅπλα, σπείρει καὶ ζευγηλατεῖ, πυκνὰ μεταστρεφόμενος ὡς φοβούμενος. λῃστὴς δὲ προσέρχεται. ὁ δ', ἐπειδὰν προΐδηται, ἀπαντᾷ ἁρπάσας τὰ ὅπλα, καὶ μάχεται πρὸ τοῦ ζεύγους. (καὶ οὗτοι ταῦτ' ἐποίουν ἐν ῥυθμῷ πρὸς τὸν αὐλόν) καὶ τέλος ὁ λῃστὴς δήσας τὸν ἄνδρα, καὶ τὸ ζεῦγος ἀπάγει, ἐνίοτε δὲ καὶ ὁ ζευγελάτης τὸν λῃστήν. εἶτα παρὰ τοὺς βοῦς ζεύξας, ὀπίσω τὼ χεῖρε δεδεμένον ἐλαύνει. Xenoph. Exped. Cyr. l. 6.

(35) Cœlius Rhodiginus rapporte un fait encore plus incroyable. Il dit que les Sybarites, peuple adonné aux voluptés de tout genre, avoient introduit dans leurs festins un spectacle de chevaux tellement dressés, qu'au son de la flûte, ils s'élevoient sur les pieds de derrière &, se servant de deux de devant comme nous nous servons des mains, ils exécutoient plusieurs gestes de chironomie, suivant avec exactitude le rhythme des instruments. *At Sybaritæ in convivia equos introducebant ita imbutos, ut incinentis tibiæ cantu audito, statim arrigerentur, ac pedibus ipsis prioribus, vice manuum, gestus quosdam Chironomiæ, motusque ederent ad numerum Saltatorios.* Lect. Antiq. l. 5, c. 3.

Arrien dit qu'aux Indes on enseignoit aux éléphants l'art de la Saltation. On se rappelle l'histoire de celui qui, sous le règne de Domitien, ayant été battu par son maître pour son peu d'adresse, fut trouvé rêpétant sa leçon au clair de la lune.

(36) Κλεισθένεϊ γὰρ τῷ Ἀριστωνύμου τοῦ Μύρωνος τοῦ Ἀνδρέω, γίνεται θυγάτηρ τῇ οὔνομα ἦν Ἀγαρίστη. — Ὡς δὲ ἀπὸ δείπνου ἐγένοντο, οἱ μνηστῆρες εἶχον ἔριν ἀμφί τε μουσικῇ καὶ τῷ

λεγομένῳ ἐς τὸ μέσον. προϊούσης δὲ τῆς πόσιος, κατέχων πολλὸν τοὺς ἄλλους ὁ Ἱπποκλείδης, ἐκέλευσε τὸν αὐλητὴν αὐλῆσαί οἱ ἐμμέλειαν πειθομένου δὲ τοῦ αὐλητέω, ὠρχήσατο. καὶ κως ἑωϋτῷ μὲν ἀρεστῶς ὠρχέετο, ὁ δὲ Κλεισθένης ὁρέων ὅλον τὸ πρῆγμα ὑπόπτευε. μετὰ δὲ, ἐπισχὼν ὁ Ἱπποκλείδης χρόνου, ἐκέλευσέ οἱ τινα τράπεζαν ἐσενεῖκαι. ἐσελθούσης δὲ τῆς τραπέζης, πρῶτα μὲν ἐπ᾽ αὐτῆς ὠρχήσατο Λακωνικὰ σχημάτια. μετὰ δὲ, ἄλλα Ἀττικά. τὸ τρίτον δὲ, τὴν κεφαλὴν ἐρείσας ἐπὶ τὴν τράπεζαν τοῖσι σκέλεσι ἐχειρονόμησε. Κλεισθένης δὲ τὰ μὲν πρῶτα καὶ τὰ δεύτερα ὀρχεομένου ἀποστυγέων γαμβρὸν ἄν οἱ ἔτι γενέσθαι Ἱπποκλείδεα διά τήν τε ὄρχησιν καὶ τὴν ἀναιδείην, κατεῖχε ἑωϋτὸν, οὐβουλόμενος ἐκραγῆναι ἐς αὐτὸν ὡς δὲ εἶδε τοῖσι σκέλεσι χειρονομήσαντα, οὐκέτι κατέχειν δυνάμενος, εἶπε, Ω παῖ Τισάνδρου ἀπωρχήσαο γε μὴν γάμον. ὁ δὲ Ἱπποκλείδης ὑπολαβὼν εἶπε. Οὐφροντὶς Ἱπποκλείδῃ. ἀπὸ τούτου μὲν τοῦτο οὐνομάζεται. &c. Hérodot. Hift. Erato, feu l. 6.

(37) Les Grecs lui ont donné quelquefois le nom générique de *Chironomia* dont j'ai expliqué la fignification au commencement de cette fection. Chez les Cypriens, elle s'appeloit *Prylis*, de ΠΡΥΛΕΕΣ qui veut dire *combattants*. Cette faltation étoit fur-tout en ufage dans les Panathénées, fêtes en l'honneur de Minerve, où elle étoit exécutée par de jeunes hommes & de jeunes filles. Nous trouvons même dans Xénophon l'exemple d'une femme danfant feule la Pyrrhique.

Le paffage fuivant d'Apulée fera connoître les différentes évolutions de cette danfe armée.— *Puelli puellæque, virenti florentes ætatulà, forma confpicui, vefte nitidi, inceffu geftuofi, Græcanicam faltantes Pyrrhicam, difpofitis ordinationibus decoros ambitus inerrabant; nunc in orbe rotarum flexuofi, nunc in obliquam feriem connexi, & in quadratum patorem cuneati, & in catervæ diffidium feparata.* Métam. l. 10.

Ce passage prouve aussi que, dans les jeux Scèniques, la Pyrrhique précédoit ordinairement les représentations des Pantomimes.

(38) LES Grecs avoient plusieurs sortes de Pyrrhiques qui portoient des noms divers suivant leur caractère ; l'*Hoplomachie* (combat avec le bouclier), la *Sciamachie* (combat avec les ombres), & enfin la *Monomachie* (Pyrrhique à un seul Acteur), dont on attribue l'invention aux Mantinéens, & qu'Athénée (*Gymnos. l.* 4.) dit avoir été d'usage dans les festins.

(39) QUELQUES Auteurs appellent ΕΝΟΠΛΙΟΣ la Danse des Curetes (Ce mot veut die *armé*). On sait que cette Danse, instituée par Rhée, avoit pour objet d'empêcher Saturne d'entendre les cris de Jupiter au berceau. Les Prêtres de Cybèle étoient surnommés *Ballatores* de ΒΑΛΛΩ.

(40) ON attribue l'institution du Poëme Pythien à Apollon qui le chanta lui-même après la victoire qu'il remporta sur le serpent Python. Ce Poëme étoit composé de cinq parties ; ΠΕΙΡΑ la résolution que prend le Dieu de combattre son ennemi, ΚΑΤΑΚΕΛΕΥΣΜΟΣ le défi qu'il fait au Dragon, ΙΑΜΒΙΚΟΣ les injures, ΣΠΟΝΔΕΙΟΣ la victoire, & ΚΑΤΑΧΟΡΕΥΣΙΣ les chants de triomphe. Rhodiginus attribue l'institution des jeux Pythiens à Diomède, six cents ans environ après la mort d'Oreste. Cependant, ajoute-t-il, dans l'*Electre* de Sophocle, il est dit qu'Oreste fut tué dans les Jeux Pythiens. L'opinion la plus commune rapporte la première célébration de ces jeux à l'an du monde 3043, cent soixante-neuf ans avant la fondation de Rome.

(41) LA Danse Tragique étoit grave, décente, parfaitement liée dans toutes ses parties : le mot ΕΜΜΕΛΕΩΣ

signifie *concinnè*, *aptè*. Le Cordax au contraire étoit une Danse bouffone, licentieuse, irrégulière. Le verbe ΚΟΡΔΑΚΙΖΕΙΝ signifie *danser d'une manière ridicule*. Ulpien nous apprend que cette Saltation étoit en usage dans les festins. Bacchus l'avoit, dit-on, portée aux Indes. Le Sicinnis, dérivé suivant quelques-uns des verbes ΣΕΙΩ & ΚΙΝΕΩ, étoit la Danse particulière des Satyres, surnommés pour cette raison *Sicinnistæ*. Légère, lascive, très-variée, suivant certains Auteurs, elle fut, selon d'autres, une Saltation militaire. Quoiqu'il en soit, elle avoit lieu à Rome dans ce que l'on nommoit *Pompa ludorum*, & dans les triomphes. Les Saltateurs qui la représentoient étoient vêtus de tuniques grossières qu'on appelloit *Scorteæ*, ou *Chortei*, &, par-dessus cette tunique, ils avoient un petit manteau tissu de fleurs de toute espèce. Ils s'étudioient à imiter d'une manière burlesque les Danses sérieuses des autres Saltateurs. Le Sicinnis étoit en usage aussi dans les funérailles. Denis d'Halicarnasse dit positivement l'avoir vu exécuter dans des pompes funèbres. *Εἶδον δὲ καὶ ἐν ἀνδρῶν ἐπίσημαν ταφαῖς ἅμα ταῖς ἄλλαις πομπαῖς περυηγουμένους τῆς κλίνης τοὺς σάτυρισὰς χορούς κινουμένους τὴν σικίννην. ὄρχησιν, μάλισα δὲ ἐν τοῖς τῶν εὐδαιμονων κήδεσιν.* Hist. l. 7. 72.

(42) Les Chansons des Grecs étoient de cinq espèces différentes; les *Encomiastiques* (de ΕΓΚΩΜΙΟΝ éloge) qui célébroient les hauts faits des Héros; les *Sophronistiques* ou morales (de ΣΩΦΡΩΝ vertueux), les *Thréniques* ou lugubres (de ΘΡΗΝΟΣ gémissement), les *Pæaniques* en l'honneur du Dieu de la nature, & les *Orchestiques* qui étoient accompagnées de la Saltation.

(43) *Διὰ τοῦτο γὰρ καὶ ἐξ ἀρχῆς συνέται του οἱ ποιηται τοῖς ἐλευθέροις τας ὀρχήσεις, καὶ ἐχρῶντο τοῖς σχήμασι σημείοις μόνον τῶν ᾀδομένων. τηροῦντις ἀ ἐι τὸ εὐγένες καὶ ἀνδρῶδες ἐπ'* αὐτῶν, [ὅθεν καὶ ὑπορχήματα τοι αὔτα προσηγόρευον. Athen. Deipnos. l. 14, c. 6.

(44) Il est fait mention des Pantomimes de Daphné & de Niobé dans une ancienne épigramme de Pallas qu'Ausonne a imitée.

Δάφνην καὶ Νιόβην ὀρχήσατο Μέμφις ὁ σιμὸς
Ὡς ξύλινος Δάφνην, ὡς λίθινος Νιόβην.

Antholog. l. 2, c. 38.

Daphnem & Niobem saltavit simius idem,
Ligneus ut Daphne, saxeus ut Niobé.

(45) Ἕκτορα μὲν τις ἄεισε νέον μέλος Ἑλλαδίῃ δὲ
Ἐσσαμένε χλαῖναν πρὸς μέλος ἦν. τίασεν
Ἦν δὲ ποθος καὶ δεῖμα παρ ὀρχηθμοῖσιν ἐνυοῖς
Ἄρσενι γὰρ Ῥώμη θῆλυν ἔμιξε χάριν.

Anth. l. 4, c. 25.

(46) Ὁ δὲ μορφασμὸς, παντοδαπῶν ζώιον μίμησις ἦν. J. Pollux. Onomast. l. 4, c. 14.

(47) On ne peut qu'être étonné du nombre prodigieux des Danses des Grecs. Outre celles dont je viens de parler, on trouve encore chez les Lacédémoniens ΓΥΜΝΟΠΑΙΔΙΑ (la Danse des enfants nuds), espèce de Pyrrhique, peu différente de l'ancienne *Anapale*; ΚΑΣΤΟΡΕΙΟΝ (la Castoréenne) que les Spartiates exécutoient avant que de marcher au combat; ΒΙΒΑΣΙΣ (la marche), danse des jeunes hommes & des jeunes filles auxquelles on proposoit des prix de Saltation, ΒΥΛΛΙΧΑΕ (de βυλλοῦν *implere*), ΒΡΥΔΑΛΙΧΑ, danse lascive dans laquelle les Saltateurs portoient des habits de femme; ΠΟΔΙΣΜΟΣ, ΔΙΠΟΔΙΣΜΟΣ ou ΔΙΠΟΔΙΑ, ΜΗΔΙΠΟΔΙΣΜΟΣ, ΔΙΑΠΟΔΙΣΜΟΣ; ΔΙΠΟΛΙΑ (des fêtes de ce nom en

l'honneur de Jupiter protecteur des Villes) ; ΙΘΥΜΒΟΣ, en l'honneur de Bacchus ainsi surnommé ; ΚΑΛΛΑΒΙΣ (la Pourprée) que l'on dansoit avec des habits de pourpre en l'honneur de Diane ; ΚΑΡΥΑΤΙΣ danse de femmes, aussi consacrée à Diane, & qui prit naissance à Carys en Laconie. Les Sicyoniens avoient l'ΑΛΗΤΗΡ (la vérité), danse, noble & grave que les Arcadiens nommoient ΚΙΔΑΡΙΣ ou le Diadême, parce que leurs Saltateurs avoient le front ceint de cet ornement royal : les Phrygiens, avoient ΒΡΙΚΙΣΜΑ, les Ioniens ΠΑΡΑΙΝΙΟΣ (l'admonition), les Argiens ΕΝΔΥΜΑΤΟΣ (du vêtement appellé *Endyma*) ; les Athéniens ΚΩΜΟΣ, ancienne danse des Peuplades de l'Attique, & que l'on nommoit *Tricomos* quand elle étoit formée par trois Villages réunis, & *Tetracomos* lorsqu'il y en avoit quatre. Les Crétois, ΕΠΙΚΡΗΔΙΟΣ, ΚΝΩΝΙΑ ; les Siracsains ΧΙΘΩΝΕΙΑΣ (du vêtement appellé *Chithon*) ; elle étoit en l'honneur de Diane Chitonéade ; les Thraces avoient ΚΟΛΑΒΡΙΣΜΟΣ danse que son nom, dérivé du verbe κολαβριζω, doit faire regarder comme lascive, quoique plusieurs Auteurs l'aient crue militaire ; les Macédoniens ΚΑΠΡΙΑ (la danse du sanglier). Marsias (liv. 3. des Choses Macédoniques) dit que Ptolemée ou ses soldats tuerent Alexandre frère de Philippe, en dansant la *Macédonienne*. Il y avoit en outre les Saltations Ioniques, Epizé-Phrygienne, Sybarite, Thrace, Persique, Mantiniaque, Bactrienne, Crétoise, Ethnique, Trœzenique, Gaditane, Nysienne, Laconique, Athénienne, des Molosses &c. Enfin je puis encore citer ΑΠΟΚΙΝΟΣ danse lascive, ΜΗΝΕΣ Saltation des Lariniens, ainsi nommés de son inventeur, ΜΑΚΤΡΙΣΜΟΣ danse voluptueuse des femmes, ΒΕΡΕΚΥΝΘΙΑΚΟΣ en l'honneur de Cybèle, ainsi surnommée, ΑΠΟΚΡΙΣΙΣ (la répose) ;

ΒΟΙΚΟΛΙΑΣΜΟΣ (la Bucolique) danſe champêtre, ΑΝΘΕΜΑ (les fleurs) danſe du peuple Athénien : en exécutant cette danſe, on répétoit ce refrein ſingulier : ? *où ſont les roſes, où ſont les violettes, où eſt le beau perſil.* ΘΕΡΜΑΙΣΤΡΙΣ Saltation violente, ainſi appellée du vaſe du même nom qui ſervoit aux fondeurs d'or. ΒΗΤΑΡΜΟΣ (la démarche noble), ΣΤΡΟΒΙΛΟΣ (la ronde), ΕΠΑΓΟΝΙΣΜΟΣ (le combat); ΟΡΜΟΣ, danſe Athénienne ou Laconique : elle étoit compoſée de jeunes garçons & de jeunes filles, & cette réunion des deux ſexes, qui néanmoins y formoient deux bandes ſéparées, imprimoit à cette Saltation un caractère varié de vigueur, d'énergie, de douceur & de graces; ΙΓΔΙΣ (le mortier), ΙΣΟΣ (l'égale), ΚΕΛΕΥΣΤΑ (l'exhortation), ΚΑΛΛΙΝΙΚΟΣ Saltation conſacrée à Hercule *victorieux*; ΚΟΝΙΣΣΑΛΟΣ (les tourbillons de pouſſière) danſe des Satyres, ΚΡΙΝΟΣ (le jugement), ΛΑΜΠΡΟΤΕΡΑ (la ſplendeur) danſe obſcène que l'on exécutoit nud, ΚΝΙΣΜΟΣ, ΜΟΘΟ, (le combat) Saltation navale dont la repréſentation étoit très-coûteuſe, ΚΟΛΙΑ (ainſi nommée du mouvement que fait le ventre en ſautant), ΞΙΦΙΣΜΟΣ que l'on danſoit, ainſi que ſon nom l'indique, avec des épées nues, ΜΟΝΓΑΣ, ΚΕΡΝΟΦΟΡΟΣ où l'on portoit les vaſes appellés *Cernos*), ΟΡΣΙΤΗΣ, ΓΛΑΥΞ (le hibou), ΣΚΩΨ ou ΣΚΩΠΕΙΜΑ (l'oiſeau nocturne), ΣΟΒΑΣ (l'orgueilleuſe), ΛΕΩ (le lion) danſe importante, ΒΑΥΚΙΣΜΟΣ (du nom de *Baucus* ſon inventeur), ΕΚΑΤΕΡΙΣ (l'alternée); le jeu de cette danſe conſiſtoit principalement dans le mouvement des mains; ΓΙΝΓΡΑΣ; ce mot en Phœnicien ſignifie *Adonis*; la danſe dont je parle portoit ce nom, parce qu'elle étoit accompagnée du jeu des flûtes dites *Gingrinæ*, flûtes Phœniciennes conſacrées au culte d'Adonis; ΠΙΝΑΚΙΔΕΣ (les petites tables);

tables ; ΙΠΠΟΓΥΝΗΣ Saltation équestre des femmes ; ΚΑΛΑΘΙΣΜΟΣ (les Corbeilles) ; ΚΕΙΡΩΚΑΛΑΘΙΣΜΟΣ ; ΔΑΚΤΥΛΙΚΗ de la flûte appellée Dactylique ; ΠΡΟΣΩΔΙΑΚΟΣ des Prêtres d'Apollon, ΤΡΑΧΗΛΙΣΜΟΣ qui tiroit son nom des mouvements du col ; ΕΡΜΗΣ en l'honneur de Mercure ; ΜΑΓΟΔΙΑ la danse des Magodes dont je parlerai tout-à-l'heure ; ΝΥΜΦΑΙ des Nymphes, ΑΦΡΟΔΙΤΗ de Vénus, ΒΑΚΚΙΚΗ de Bacchus ; les Peuples du Pont & de l'Ionie aimoient cette danse jusqu'à la fureur ; ΒΑΡΥΛΛΙΚΑ du nom de son inventeur *Baryillcus*, ΒΡΙΑΛΙΚΤΑ danse guerrière, ΓΥΠΩΝ que l'on dansoit avec des bâtons, ΛΑΚΤΙΣΗΣ (les Ruades) ; ΕΠΙΒΗΜΑ Saltation des chœurs, ΟΠΛΟΠΟΙΑ danse armée, ΔΕΙΜΑΛΕΑ (la terrible) danse furieuse des Silènes chez les Lacédémoniens ; ΠΑΡΒΗΝΑΙ ΤΕΤΤΑΡΕΣ (les quatre coins), ΔΙΠΛΗ que l'on dansoit à deux, ΚΟΝΤΟΜΟΝΟΒΟΛΟΝ (le javelot lancé d'un seul jet) ; ΑΓΓΕΛΙΚΗ, ΑΛΩΠΗΣ (le Renard), ΑΠΟΣΕΙΣΙΣ (le retour), ΦΟΡΤΙΚΟΣ (la pésante), ΠΟΛΕΜΙΚΟΣ le combat, ΚΟΣΜΟΥ ΕΚΠΥΡΩΣΙΣ (l'incendie du monde ou la fable de Phaéton), ΤΕΛΕΣΙΑΣ inventée par Télestes, ΑΠΟΣΚΕΛΗΣΙΣ, ΔΕΙΝΟΣ danse grave, ΔΙΟΝΥΣΙΑΚΟΣ en l'honneur de Bacchus, ΔΡΙΤΗ, ΕΠΙΛΗΝΙΟΣ danse des Vendangeurs au pressoir, ΦΑΛΛΙΚΟΣ & ΕΠΙΦΑΛΛΟΣ autres danses mêlées de chants en l'honneur de Bacchus, ΗΔΥΟΝ, ΗΔΥΚΟΜΟΣ danses lascives, ΘΥΡΟΚΟΠΙΚΟΣ, ΙΑΜΒΙΚΗ (l'Iambique), ΚΑΛΛΙΒΑΣ, ΚΛΩΠΕΙΑ (le Voleur), ΚΟΛΕΑ, ΚΟΜΗΤΙΚΗ (la chevelure), ΧΡΥΣΟΘΥΡΟΝ (la porte d'or) ΟΚΛΑΣΜΑ, (la danse des genouils), ΠΑΝΟΣΚΟΛΟΝ, ΠΕΦΥΓΜΑ (la fuite), ΡΑΚΤΕΡΙΟΝ, ΡΙΚΝΟΣΤΑΙ (la danse courbée), ΣΑΛΜΟΣΙΣ, ΥΑΛΚΑΔΗ (la coupe de verre), danse des enfants de

Sparte, ΥΓΡΑΣ danse lascive, ΥΠΟΓΥΠΟΝΕ (à cheval sur un bâton), ΩΡΑΙ (les heures), ΔΙΑΣΦΑΙΡΑ Saltation *cum pila*, ΘΑΥΜΑΣΙΣ, ΑΥΛΗΣΙΣ (que l'on dansoit au son de la flûte), ΣΤΟΙΧΕΙΑ (les Eléments), ΑΒΡΑΤΙΣ danse des jeunes filles esclaves, ΤΥΡΒΑΣΙΑ, ΚΑΤΕΝΟΠΛΙΟΝ Saltation armée en l'honneur de Minerve, ΑΣΚΟΛΙΑΣΜΟΣ danse rustique consacrée à Bacchus; elle étoit ainsi nommée, parce qu'il falloit sauter à cloche-pied sur des outres pleins de vent & frottés d'huile; ΕΚΛΑΤΙΣΜΑΤΑ danse des femmes, ΒΑΛΛΙΣΜΟΣ que l'on dansoit au bruit des cymbales & des tambours, & plusieurs autres encore.

Je ne hasarderai aucun détail sur le caractère & les figures de toutes ces danses. Les sentiments des Auteurs anciens sur cet objet sont très-partagés, souvent même en opposition; & l'Histoire de la Saltation Grecque est enveloppée de ténèbres épaisses.

(48) Ce Philistion, si l'on en croit l'Histoire, mourut d'un accès de rire, en représentant une farce intitulée ΦΙΛΟΓΕΛΟΣ.

(49) Les Grecs appelloient en général *Ethopée* l'art d'imiter les moeurs. Cet art se divisoit en trois parties: ΗΘΟΠΟΙΙΑ l'Ethopée proprement dite, ou la peinture des moeurs & habitudes d'une personne connue; ΕΙΔΩΛΟΠΟΙΙΑ l'Idolopée où l'on introduisoit sur la scène un personnage mort; & enfin ΠΡΟΣΩΠΟΠΟΙΙΑ la Prosopée, où tout étoit feint, jusqu'au personnage.

(50) Un des plus célèbres Ethologues fut Sophron, natif de Syracuse. La morale de ses Mimes étoit si pure, que Platon, au lit de la mort, avoit sous son chevet les Œuvres de ce Poète.

(51) Il ne faut pas croire avec quelques Auteurs que les Mimes Grecs fussent tous des bouffons & qu'ils ne représentassent que des farces grossières. ? Comment accorderoit-on cette opinion avec ce que l'Histoire nous dit des Ethologues. Il convient plutôt d'adopter la distinction que Plutarque établit entre ces Acteurs, dont les uns (ceux que je viens de nommer) étoient de véritables imitateurs & représentoient des sujets moraux ou historiques, & les autres, uniquement occupés à exciter les risées du Peuple, jouoient ces canevas appellés *Paignies* qui n'étoient qu'un tissu de bouffonneries, d'où ils reçurent le nom de *Paradoxopées* ou *Paradoxologues*, *Gélopes*, *Philogeles* ou *Gélophiles*. On sera obligé d'établir la même distinction entre les Mimes Latins. Sans cette précaution, il seroit impossible de débrouiller tout ce que les Auteurs anciens leur attribuent.

(52) PLUTARQUE, Sympos. l. 7, probl. 8.

(53) Les Chœurs de Danse étoient très-communs à Athènes; ils se livroient entr'eux des luttes fréquentes où l'on couronnoit le vainqueur avec toute la pompe imaginable. Les chefs de ces chœurs, appellés *Choreges*, étoient des personnages de la plus haute importance. L'inscription suivante, trouvée à Athènes, fait mention d'un de ces Choreges.

ΘΡΑΣΥΛΛΟΣ ΘΡΑΣΙΛΛΟΥ ΔΕ
ΚΕΛΕΥΣ ΑΝΕΘΗΚΕΝ
ΚΟΡΗΓΩΝ ΝΙΚΗΣΑΣ ΑΝΔΡΑ
ΣΙΝ ΙΠΠΟΘΟΩΝΤΙΔΗΙ ΦΥΛΗΙ
ΕΥΙΟΣ ΚΑΛΚΙΔΕΥΣ ΗΥΛΕΙ ΝΕ
ΑΙΧΜΟΣ ΗΡΧΕΝ
ΚΑΡΚΙΔΑΜΟΣ ΣΟ
ΤΙΟΣ ΕΔΙΔΑΣΚΕΝ

On sera peut-être bien aise de trouver ici un tableau

abrégé des fêtes publiques que célébroient les Athéniens, & dans la plupart desquelles la Saltation étoit admise. Outre les jeux *Pithiens* dont j'ai déjà parlé, ils avoient encore les *Néméens*, les *Olympiques*, *les Isthmiens*, les *Agraulies* en l'honneur de la fille de Cécrops, les fêtes d'*Adonis*, celles en l'honneur d'*Ajax*, les *Aloennes* fêtes rustiques en l'honneur de Cérès, les *Amarynthies*, ou *Amarysiennes* en l'honneur de Diane ainsi surnommée, les *Anacées* pour Castor & Pollux, les *Androgénées* fêtes funèbres en l'honneur du fils de Minos, les *Anthesteries* fêtes de Bacchus, les *Apaturies* en l'honneur de Jupiter & de Minerve, les *Arrhephories* ou *Hersephories* consacrées à Pallas, d'autres disent à Aglaure; les *Asclepies* en l'honneur d'Esculape; les *Ascholies* dont j'ai parlé ailleurs, les *Aphrodisies*, les *Bendidies* en l'honneur de Diane ainsi surnommée par les Thraces, les *Boedromies* à la gloire d'Apollon, les *Boreasmies* pour appaiser Borée, les *Buphonies* fêtes des Bœufs, les *Brauronies* en l'honneur de Diane ainsi surnommée, ΤΕΣ ΕΟΡΤΗ la fête de la terre, les *Delphinies* en l'honneur d'Apollon, les *Délies*, les *Démétries* consacrées à Cérès surnommée ΔΕΜΗΤΕΡ, les *Diasies* en l'honneur de Jupiter *propice*, les *Diomies* en l'honneur d'Hercule, les *Hécalésies* en l'honneur d'Hécale hôtesse de Thésée, les *Hécatésies* consacrées à Hécate, les *Eleuthéries* à Jupiter libérateur, les *Epiclidies* ou *Epicrenes* en l'honneur de Cérès, les *Euménidies*, les *Junonies*; les *Héraclées*, les *Héphestienes* en l'honneur de Vulcain, les *Thargélies* consacrées à Apollon, les *Théoxenées* fêtes des Dieux étrangers, les *Thesmophories*, les *Théséennes*, les *Iliennes* en l'honneur de Minerve, Ι'Ο ΒΑΚΧΕΙΑ à Bacchus, les *Callynteries* en l'honneur d'Aglaure, les *Céramiques* en l'honneur des Citoyens morts les armes à la main, les *Connidéennes* en l'honneur du Gouverneur de Théfée, les *Cottylies*, les *Cronées* ou *Saturnales*, ΛΑΜΠΑΔΗΔΡΟΜΙΑΙ la fête des Lampes, les *Lenæennes*, les *Mœmactèries* confacrées à Jupiter *tempeftueux*, les *Métagetnies* à Apollon ainfi furnommé, les *Métoecies* en mémoire de la réunion des douze Bourgades de l'Attique, les *Munychiennes* en l'honneur de Diane ainfi furnommée, la fête des *Mufes*, les *Némèfées*, la Victoire de Marathon, celle de Naxos, la Victoire de Pallas fur Neptune, les *Ofchophories*, les *Pæoniennes* en l'honneur d'Apollon, les *Panathénées* (grandes & petites), ΠΑΝΔΗΜΟΝ la fête des Ouvriers, ΠΑΝΔΙΑ la fête de la Lune, les *Pandrofies* en l'honneur d'Aglaure, la fête de Pan, les *Paralies*, du vaiffeau que monta Théfée en venant de triompher du Minotaure; les *Plynteries* confacrées à Minerve, les *Pofeidoniennes* en l'honneur de Neptune, les *Proerofies* fêtes pour les femences en l'honneur de Cérès, la fête de *Prométhée*, les *Procharistéries* fètes pour la formation des fruits en l'honneur de Minerve, les *Pyanepfies* confacrées à Apollon, les *Scirophories* en l'honneur de Minerve, les *Sténies* fêtes des femmes, les *Soteries* confacrées à Jupiter confervateur de la fanté, les *Toxaridies* en l'honneur du Scythe *Toxaris*, les *Hydrophories* ou la fête du Déluge, les *Phofphories* ou fêtes du feu, les *Chloiennes* en l'honneur de Cérès, la fête des *Heures*, & les *Eleufinies*.

(54) *Cumque intraffet Arca Domini in Civitatem David, Michol, filia Saül, profpiciens per feneftram, vidit Regem David fubfilientem atque Saltantem coram Domino, & defpexit eum in corde fuo.* Reg. l. 2, c. 6, 16.

(55) Les Arabes avoient la Saltation appellée *Raks*, les Perfes *Chiurdeft*, *Pengche*, *Yantche* ou *Ptche*: leurs

Mages avoient en outre *Deſt-bend*, Saltation qui conſiſtoit principalement dans le mouvement des mains. Les Turcs ont encore *El-Ojum* ou le jeu des mains, que les Méſopotamiens nommoient *Giuppii.*

Ce Peuple conſerve une coutume, auſſi ancienne qu'extraordinaire, qui conſiſte dans une ſorte de Pantomime. Lorſque les forces de l'Empire Ottoman ſe déploient, & marchent contre l'ennemi, l'Etendart de Mahomet eſt précédé d'une eſpèce de Maſcarade en proceſſion, qui repréſente des artiſans de tous les métiers, leſquels, dans le plus parfait ſilence, & comme des automates, exécutent chacun la méchanique de ſon art. Cette maſcarade eſt dans des chars richement décorés, & compoſe ce que les Turcs nomment *Alay* ou la Pompe triomphale. Je ne puis voir dans cet antique uſage qu'une allégorie par laquelle ils ont voulu exprimer que, lorſque l'Etat eſt en guerre, tous doivent quitter leurs travaux pour courir aux armes.

(56) Ce que je viens de dire ſur les Chinois doit s'entendre auſſi de tous les Tartares qui peuplent le nord de l'Aſie, & qui tant de fois ont inondé notre continent. Ils ne diffèrent nullement des Tartares Mantcheoux qui ſont aujourd'hui maîtres de la Chine & ont tous les mêmes moeurs & les mêmes uſages.

(57) *Magnificos ludos in honorem Deorum faciebant* (Gothi), *in quibus effœminati corporum motus ſcenicique Mimorum plauſus, ac mollia nolarum ſive ærium crepitacula oſtendebantur.* Olaus Magn. gent. ſeptentr. hiſt. Brev. l. 3, c. 7.

Habent—ſeptentrionales Gothi & Sueci, pro exercenda juventute, — ludum, quod, inter nudos enſes, & infeſtos gladios ſeu frameas, ſeſe exerceant ſaltu : idque quodam gymnaſtice ritu & diſciplina, ætate ſucceſſiva, à peritis, & præ-

fultore, ſub cantu addiſcunt. — Octo diebus continua Saltatione ſeſe adoleſcentes numeroſi exercent, elevatis ſcilicet gladiis, ſed vagina recluſis, ad triplicem gyrum. Deindè evaginatis, itidemque elevatis enſibus, poſt modum manuatim extenſis, modeſtius gyrando alterius cuſpidem capulumque receptante, ſeſe mutato ordine in modum figuræ hexagoni ſubjiciunt: quam Roſam dicunt: & ilico eam gladios retrahendo elevandoque reſolvunt, ut ſuper unius cujuſque caput quadrata roſa reſultet: & tandem vehementiſſima gladiorum laterali colliſione, celerrimi retrograda Saltatione determinant ludum: quem tibiis, vel cantilenis, aut utriſque ſimul, primum per graviorem, demum vehementiorem ſaltum, & ultimo impetuoſiſſimum moderantur. l. 15, c. 6.

Omnibus tam ſilvis quàm pratis & campis vireſcentibus & floreſcentibus, ſole per cancrum tranſeunte, — populus omnis utriuſque ſexus & ætatis, turmatim in publicis plateis urbium, aut planicie camporum, ubique copioſis accenſis ignibus, pro choreis tripudiiſque exercendis, concurrere ſolitus, vetuſtorum heroum domi foriſque magnifica geſta ubilibet in orbe paracta, Saltando decantat; etiam quid illuſtriores fœmmæ pro æternis aſſequendis laudibus, amore ſervandæ pudicitiæ perſecerunt. Præterea quid degeneres ignavique nobiles, crudeles tyranni, & turpes fœminæ, excluſa honeſtate, fecerunt, patriis cantionibus & rhythmis, ſonantibus citharis, ac tibiis, alternatim adductis, exolvunt. Inſuper puellæ, matrum doctrina præmonitæ, quod quantaque mariti vitia, in luſibus alearum, rixa tabernarum, luxu veſtium, ſocietate ſcurrarum, & continua ebrietate & crapula exerceant, pſallendo reſolvunt. Sed rurſus ingenioſiores adoleſcentuli concinere nôrunt, quàm pigerrimæ, fallaces, indomitæ, rixoſæ, garrulæ, furaces, nugaces, & infidæ ſunt mulieres, ne ſola querela maritos ſuggillent. Deinde quid perfidi cives, verſuti artiſices, vagi negocia-

tores, stertentes nautæ, rusticique infideles, & avari crudelesque terrarum præfecti, efficiunt; varietate cantionum, & musicis instrumentis exponunt: ea potissimum ratione permoti, ut tenera juventus agnoscat quam excelsa ac splendida virtus sit, æternisque laudibus digna, bonorum inhærere vestigiis, & de pessimis resilire ac præcavere exemplis. l. 15, c. 4.

Ces citations, quoiqu'un peu longues, m'ont paru trop curieuses pour être négligées. La dernière sur-tout offre un exemple frappant du pouvoir des arts sur les mœurs. Les Danses des Goths étoient un Catéchisme de Morale, plus efficace que toutes nos institutions pédagogiques, par l'attrait qu'elles avoient pour ces Peuples, par l'hommage public qu'on y rendoit à la vertu, & par l'anathême dont elles frappoient le vice & les passions desordonnées. Combien de pareilles fêtes seroient préférables à ce Spectacle ridicule & monstrueux que nous nommons Opéra.

(58) *Bellicrepam Saltationem dicebant quando cum armis Saltabant: quod à Romulo institutum est, ne simile pateretur, quod fecerat ipse, cum à ludis Sabinorum virgines rapuit.* Fest. Pomp. de verb. signif. l. 2.

(59) *Salios item duodecim Marti gradivo legit* (Numa Pompilius), *tunicæ pictæ insigne dedit, & super tunicam æneum pectore tegumen: cœlestiaque arma quæ Ancylia appellantur, ferre; ac per urbem ire Canentes carmina cum tripudiis solemnique Saltatu, jussit.* Tit. Liv. Hist. l. 1.

(60) L'origine des jeux Scéniques remonte aux temps les plus reculés. Nous voyons ici Rome les emprunter des Etruriens, Colons de la Lydie; & Polybe prétend qu'ils prirent naissance chez les Arcadiens, Peuple grossier & féroce dont les Chefs imaginèrent ces Jeux pour adoucir & policer la trop grande rudesse de leurs mœurs.

(61) TERTULLIEN, dans son Livre *de Spectaculis*, dit que le mot *Ludi* fut formé du nom des *Lydiens*, qui, venus d'Asie, s'établirent en Etrurie. Varron au contraire fait dériver *Ludi* de *Ludus* ou *Lusus*. Quelle opinion qu'on adopte, elle déterminera l'étymologie du mot *Ludiones*, évidemment dérivé de *Ludi*. On appelloit aussi les Acteurs Etrusques *Ludii*.

(62) LES vers Fescennins, vers libres, obscènes & satyriques, ainsi appellés de Fescennia en Etrurie où ils furent inventés. Horace dit :

Fescennina per hunc inventa licentia morem
Versibus alternis opprobria rustica fudit,
Libertasque recurrenteis accepta per annos
Lusit amabiliter.

Ep. 1, l. 2.

Ces vers étoient chantés dans les cérémonies Nuptiales. Voyez Pline, *de Fescenninis Nuptialibus*. Ausonne cite Annianus, auteur de vers Fescennins.

(63) C'ÉTOIT une loi inviolable, & d'ailleurs assez naturelle, que le geste fût mesuré sur le discours ; qu'il commençât & finît avec lui. *Veteres artifices illud rectè adjecerunt, ut manus cum sensu & inciperet & deponeretur. Alioqui enim aut ante vocem erit gestus, aut post vocem ; quod est utrumque deforme.* Quintil. inst. l. 11, c. 3.

(64) *ET HOC & insequenti anno, C. Sulpitio Pœtico, C. Licinio Stolone Coss. pestilentia fuit. Eo nihil dignum memoria actum, nisi quod pacis Deum exposcendæ caussâ, tertio tum post conditam urbem lectisternium fuit : & cum vis morbi nec humanis consiliis, nec ope divina levaretur, victis superstitione animis, ludi quoque scenici, nova res bellicoso populo (nam Circi modo spectaculum fuerat) inter*

alia cælestis iræ placamina instituti dicuntur. Cæterum parva quoque, ut ferme principia omnia, & ea ipsa res peregrina fuit. Sine carmine ullo, sine imitandorum carminum actu, Ludiones ex Etruria acciti ad tibicinis modos saltantes, haud indecoros motus, more Thusco dabant. Imitari deinde eos juventus, simul inconditis inter se jocularia fundentes versibus, cœpere: nec absoni à voce motus erant. Accepta itaque res sæpiusque usurpando excitata, Vernaculis artificibus, quia hister Tusco verbo Ludio vocabatur, nomen histrionibus inditum: qui non, sicut antè, fescennino versu similem incompositum, temere ac rudem alternis jaciebant, sed impletas modis satyras, descripto jam ad tibicinem cantu, motuque congruenti peragebant. Tit. Liv. Hist. l. 7.

(65) *C.* Sulpitio Petico, *C. Licinio Stolone Coss. intoleranda vis orta pestilentiæ, civitatem nostram à bellicis operibus revocatam, domestici atque intestini mali cura afflixerat: jamque plus in exquisito & novo cultu religionis, quàm in ullo humano consilio positum opis videbatur. Itaque placandi cælestis numinis gratia compositis carminibus vacuas aures præbuit usque ad id tempus Circensi spectaculo contenta, quod primus Romulus, raptis virginibus Sabinis, Consualium nomine celebravit. Verum, ut est mos hominum, parvula initia pertinaci studio prosequendi, venerabilibus erga Deos verbis juventus, rudi atque incomposito motu corporum jocabunda, gestus adjecit. Eaque res Ludium ex Etruria accersendi causam præbuit: cujus decora pernicitas vetusto ex more Curetum Lydorumque (à quibus Etrusci originem traxerunt) novitate grata Romanorum oculos permulsit. Et quia Ludius apud eos histrio appellabatur, scenico nomen histrionis inditum est.* Dict. memor. l. 2, c. 4, §. 4.

(66) Διὰ τί τοὺς περὶ τὸν Διόνυσον τεχνίτας, Ἱστρίωνας

Ρωμαῖοι καλοῦσιν; ἢ δι' ἣν αἰτὶ αν Κλούδιος Ροῦφος ἱστόρηκεν; φησὶ γὰρ ἐν τοῖς πανὺ παλαιοῖς χρόνοις Γαίου τὲ Σουλπικίου καὶ Λικινίου Στόλωνος ὑπατευὸν τῶν, λιμώδη νόσον ἐν Ρώμῃ γενομένην, πάντας ομαλῶ, διαφθεῖραι τοὶς ἐπὶ σκηνὴν προερχομένους, δὴ ηθεῖσιν οῦν αὐτοῖς ἐκ Τυῤῥηνίας ἐλθεῖν πολλοὺς καὶ ἀγκθοὶς τεχνίτας ὧν τὸν πρωτέυοντα δέξη καὶ χρόνῳ πλεῖσον ἐνευημεροῦντα τοῖς θεάτροις, Ἱστρο νομὰ ζεθς. καὶ διὰ τοῦτο πάντας, ἱστρίωνας ἀπ' ἐκείνου πρωσαγορευέθς. Plutarq. quœſt. Rom. 107.

(67) Livius *poſt aliquot annos, qui ab ſatyris auſus eſt primus argumento fabulam ſerere, idem ſcilicet, id quod omnes tum erant, ſuorum carminum actor dicitur: cùm ſæpius revocatus vocem obtudiſſet, venia petita, puerum ad canendum ante tibicinem cum ſtatuiſſet, canticum egiſſet aliquanto magis vigente motu, quia nihil vocis uſus impediebat: indè ad manum cantari hiſtrionibus cœptum, Diverbiaque tantum ipſorum voci relicta.* Tit. Liv. loc. ſupr. cit.

Cette expreſſion *poſt aliquot annos* ne doit point ſe prendre à la lettre. Tite-Live vient de parler de l'origine des jeux Scéniques que l'on rapporte à l'an 390 de Rome. Il raconte enſuite l'aventure d'Andronicus qui parut ſur le Théâtre l'an 514. Entre ces deux époques, il s'écoula cent vingt-quatre ans, & ce laps de temps eſt trop conſidérable pour qu'on puiſſe l'appeller *quelques années*. *Aliquot* ſignifie ici un nombre indéterminé. On le trouve employé dans le même ſens chez d'autres anciens Auteurs. Voyez Donat, Comment. ſur Térence.

Paulatim deindè ludicra ars ad Satyrarum modos perrepſit: à quibus primus omnium pœta Livius, ad fabularum argumenta ſpectantium animos tranſtulit. Iſque ſui operis actor, cùm ſæpius à populo revocatus, vocem obtu-

disset, adhibito pueri & tibicinis concentu, gesticulationem tacitus peregit. Val. Max. loc. supr. cit.

(68) On disoit aussi *ad digitum pugnare, digitis pugnare.*

(69) Les Comédies Grecques avoient trois parties distinctes, les Monologues, les Dialogues, & les Chœurs. Les premiers étoient appellés en Latin *Cantica.* Un seul Acteur y parloit : lorsqu'il y en avoit deux sur la scène, le second personnage ne dialoguoit point avec le premier, & ne disoit tout au plus que des *à parte.* Ces endroits des Pièces Dramatiques étoient les plus expressifs : les Acteurs s'y donnoient toute liberté, & l'on voit par le passage de Tite-Live que ce fut sur-tout dans les Monologues que l'on partagea la déclamation entre deux Acteurs ; l'accent pathétique, que l'on exprimoit par le geste, y étant plus sensible & plus développé que dans les autres parties du Drame. Les Dialogues étoient appellés *Diverbia.* Comme la vérité & la vivacité du ton en font le principal mérite, ce fut sans doute pour cette raison que les Histrions se réservèrent de les prononcer eux-mêmes. Les Comédies Latines, qui n'avoient point de chœurs, se bornoient à ces deux parties. *Membra Comœdiæ diversa sunt.— Diverbia sunt partes Comœdiarum, in quibus diversorum personæ versantur.— In Canticis autem una tantum debet esse persona, aut si duæ fuerint, ita debent esse, ut ex occulto una audiat, nec loquatur, sed secum, si opus fuerit, verba faciat.* Diomed. de art. gramm. l. 3. c. 4.

(70) Nonius Marcellus nous a conservé les titres de plusieurs de ces Pièces ; ce sont *Achille, Ægisthe, Ajax, Andromède, Antiope, Flaccus,* le *Cheval de Troye, Hermione,* l'*Odyssée, Térée.* On voit par ces sujets que les Pièces d'Andronicus tenoient du genre Tragique & que, ſuivant ce que nous avons dit ailleurs, les premiers Poètes tirèrent leurs fables de la Mythologie.

(71) Ainſi nommées d'Atella, ville du pays des Oſques où elles avoient pris naiſſance. C'étoient des Pièces remplies de ſarcaſmes & de bouffonneries : on les nommoit ΙΛΑΡΟΤΡΑΓΩΔΙΑΙ, des *Tragi-Comédies*. Introduites à Rome, elles y furent d'abord décentes ; mais, dans la ſuite, leur licence les fit proſcrire par le Sénat. Les Auteurs des Atellanes ne ménageoient pas même les Empereurs. (*Voyez Suétone*, *Vie de Tibere*, c. 45.) Caligula fit brûler au milieu de l'Amphithéâtre un Poète Atellanique dont les vers préſentoient un ſens équivoque contre lui. (*Ibid. Calig.* c. 27). Sous Néron, un Acteur nommé Datus, dans un monologue qui commençoit par ces mots, ʽΥΓΙΑΙΝΕ ΠΑΤΕΡ, ʽΥΓΙΑΙΝΕ ΜΗΤΕΡ, exprima par ſon geſte l'action de boire & de nager, faiſant alluſion au ſort tragique de C. Claudius & d'Agrippine. (*Néro* c. 39). Enfin Domitien fit périr le Poète Helvidius qui, dans un Exode ſcénique, avoit repréſenté ſon divorce avec l'Impératrice ſous l'emblême de la fable de Pâris & Œnone. (*Domit.* c. 10.)

Novius fut un des premiers Poètes Romains qui compoſèrent des Attellanes. On connoît auſſi Autonoé dont parle Juvenal, Urbicus, nommé par Martial, & Pomponius dont les pièces eurent le plus grand ſuccès & que Cicéron & Sénèque citent avec éloge.

Nonius Marcellus nous a conſervé les titres d'un grand nombre de Pièces de Novius & de Pomponius. On ſera ſans doute bien aiſe de les retrouver ici. Ils ſerviront à faire connoître le caractère des Atellanes, très-variées dans leur ſujet, mais preſque toujours priſes dans la claſſe du peuple. Celles de Novius ſont : l'*Agricole*, l'*Anier*, la *Géniſſe*, le *Pâtre Cordonnier*, la *Décime*, la

Dot, l'*Exode*, les *Foulons oisifs*, la *Marchande de Volaille*, l'*Assemblée*, le *Mime exilé*, le *Malevole*, la *Manie*, *Milites Pometinenses*, le *Jugement de la Mort & de la Vie*, l'*Option*, l'*Ayeul*, l'*Enfantement*, le *Querelleur*, *Præco posterior*, la *Question*, *Téléphe*, la *Chose perdue trois fois*, la *Vierge enceinte*, les *Vendangeurs*, la *Ceinture*. Les titres des Pièces de Pomponius sont : les *Adelphes*, *Agamemnon*, les *Joueurs*, l'*Aruspice*, *Anulus posterior*, l'*Asinaire*, *Atrée*, l'*Augure*, le *Stupide adopté*, le *Stupide enrôlé*, les *Campaniens*, le *Collége*, les *Conditions*, la *Craie*, les *Dettes*, la *Décime du Foulon*, la *Prison*, l'*Héritier demandeur*, le *Broc du grand Pere*, le *Mime médiateur*, les *deux Mimes*, *Maialis*, le *Médecin*, *Munda*, les *Noces*, les *Haillons*, *Pappus agricola*, *Pappus præteritus*, l'*Oncle*, la *Philosophie*, les *Boulangers*, les *Pêcheurs*, le *Gâteau*, *Pithon Gorgonien*, la *Porchere*, le *Batelier*, le *Préfet des Mœurs*, le *Lieu de Débauche*, les *Quinquatries*, l'*Epouse*, *Synaristosa*, les *Syriens*, les *Bouffons*, le *Porc malade*, le *Rustre*, la *Sarcleuse*.

(72) *Postquam lege hac fabularum, ab risu, ac soluto joco res avocabatur, & ludus in artem paulatim verterat; juventus, histrionibus fabellarum actu relicto, ipsa inter se more antiquo ridicula intexta versibus jactitare, cœpit : quæ inde, Exodia postea appellata, consertaque fabellis potissimum Atellanis sunt. Quod genus Ludorum ab Oscis acceptum tenuit juventus: nec ab histrionibus pollui passa est. Eo institutum manet, ut Actores Atellanarum nec tribu moveantur, & stipendia tanquàm ex partes ludicræ faciant.* Tit. Liv. Loc. supr. cit.

Atellani autem ab Oscis acciti sunt : quod genus delectationis Italica severitate temperatum, ideoque vacuum nota est nam neque tribu moveri, neque à militaribus stipendiis repellitur. Val. Max. loç. supr. cit.

(73.) LORSQU'ILS étoient fur la Scène, perfonne ne pouvoit les contraindre à ôter leur mafque, affront auquel étoient expofés les Hiftrions. Cette prérogative fit donner aux Acteurs des Atellanes le furnom particulier de *Perfonati*. Néantmoins on lit dans les faftes de Rome que Scipion Nafica les priva pour un temps de leurs priviléges en punition de leurs déréglements.

(74) LE mot *Mimus* fe difoit indiftinctement de l'Acteur & de la Pièce. Dans ce dernier fens on fe fervoit auffi des pluriels *Mimi* & *Mimiiambi*. Les adjectifs *Mimarius* & *Mimicus*, le diminutif *Mimula* & l'adverbe *Mimicè* étoient en ufage. *Mimaulus* fignifioit le chef des Mimes; l'Auteur de la Pièce étoit appellé *Mimographus* ou *Mimologus*. Enfin les Romains avoient emprunté des Grecs le fubftantif *Mimefis* qui fignifioit la fcience des Mimes.

(75) PLUSIEURS paffages des Auteurs anciens donneroient à penfer que quelquefois le même Acteur chantoit & fefoit les geftes, & en effet il ne feroit pas étonnant que l'on fût par fois revenu à cette manière qui étoit la première dans l'ordre des temps, la plus naturelle, & qui peut-être eût été toujours la feule ufitée, fans l'accident arrivé à Andronicus. Dans les Pièces mimes le déclamateur n'étoit accompagné que d'une feule flûte.

(76) AU premier penfer, rien ne femble plus ridicule que ce partage de la déclamation entre deux Acteurs, & cependant nous avons eu plufieurs fois fous les yeux des exemples de ce prétendu ridicule, qui ne nous ont point choqué. De bonnes Marionnettes ne laiffent pas quelquefois d'amufer, quoique l'Automate ne puiffe exécuter que les geftes, & ce d'une manière très-imparfaite. Nous avons aujourd'hui le Spectacle

des Comédiens de Beaujolois qui eſt très-ſuivi, quoiqu'il ne ſoit pas le premier de ce genre. La déclamation y eſt néanmoins partagée, comme dans les Pièces d'Andronicus, & lorſque le ſon & les inflexions de la voix s'accordent bien avec l'âge & les geſtes de l'Acteur, perſonne ne ſe plaint de la ſupercherie. A la vérité, ſur ce Théâtre, l'Acteur qui parle eſt caché, ce qui favoriſe l'illuſion; mais s'il n'en fut pas ainſi ſur ceux de Rome, on n'en doit chercher d'autre raiſon que l'immenſe étendue de la Scène qui n'eût pas permis que le déclamateur fût entendu, ſi on l'eût écarté, & l'on doit penſer que cet Acteur étoit comme nul aux yeux des ſpectateurs.

(77) JE ne veux point dire que les Mimes diſparurent entièrement ſous le règne d'Auguſte. Cette aſſertion ſeroit fauſſe, puiſque l'Hiſtoire nous en montre même ſous les derniers Empereurs. Mais, alors, & depuis longtemps, ils étoient avilis, mépriſés, & ſervoient plutôt de bouffons que de comédiens. C'eſt ainſi que, quoique la ſcène Françoiſe ſoit enrichie d'une multitude de chef-d'œuvres, auxquels il ne manque que des Acteurs capables d'en faire briller les beautés, nous rencontrons encore à chaque pas d'inſipides bateleurs qui jouent ſur des tréteaux des farces groſſières, pour amuſer le Peuple de nos grandes Villes.

(78) *PRIMIS autem temporibus, ut aſſerit Tranquillus, omnia quæ in ſcena verſantur, in Comœdia agebantur. Nàm & Pantomimus, & Choraules in Comœdia canebant. Verum Actores Comœdiarum, pro facultate & arte portiores, principatum ſibi artificio vindicabant: Sic factum eſt ut, nolentibus cedere Mimis, cum artificio ſuo cæteris, ſeparatio fieret reliquorum. Nam dum potiores inferioribus, qui in omni Magiſterio erant, ſervire dedignabantur, ſe ipſos*

à

à Comœdiis separaverunt: ac sic factum est ut, exemplo semel sumpto, unusquisque artis suæ rem exequi cœperit, neque in Comœdiam venire. Diomed. de Art. Gramm. l. 3.

(79) Il ne faut pas croire que la Saltation ne commença à être universellement cultivée à Rome que sous le règne d'Auguste. Macrobe dit formellement que, dans les temps où les mœurs étoient le plus pures, entre la première & la seconde guerre Punique, les jeunes gens, les fils même des Sénateurs, s'exerçoient au jeu des Saltateurs, & en fesoient une étude particulière. — *Ab illo tempore quod fuit optimis moribus, inter duo bella Punica, ingenui, quid dicam ingenui? filii Senatorum in ludum Saltatorium commeabant, & illis crotala gestantes Saltare discebant.* Saturn. l. 3, c. 14.

(80) Cette signification du mot *Arétalogue* est démentie par plusieurs Auteurs. Les uns prétendent que, au lieu d'être formé de ΑΡΕΤΗ *vertu*, il doit son origine à *Areté*, femme d'Alcinoüs. D'autres le font venir de ΑΡΕΤΟΣ *agréable, qui plaît*. Scaliger prétend que ce mot n'est nullement grec, quoiqu'il semble dérivé de cette langue; qu'il fut particulier aux Romains, & que les Grecs n'en firent aucun usage: toujours est-il certain que quelquefois il étoit pris en mauvaise part, comme on le voit par ce passage de Juvenal:

——————Bilem aut risum fortasse quibusdam
Moverat, ut mendax Aretalogus.

Sat. 15. v. 15.

(81) *Et Laberi Mimos, ut pulchra poemata, mirer.*
Horat. l. 1, Sat. 10.

Aulugelle nomme une pièce de Laberius intitulée

l'*Ecriture*, & une autre qui portoit pour titre *Rector*. Nonius Marcellus cite les suivantes : *Anna Perenna*, les *Eaux chaudes*, *Belonistria*, la *Prison*, *Catularius*, le *Centenaire*, la *Cithare*, le *Flatteur*, les *Compitalies*, la *Corbeille*, la *Faulx*, les *Foulons*, les *Gaulois*, l'*Image*, le *Lac Averne*, les *Nôces*, *Panilici*, la *Pauvreté*, l'*Homme aux six doigts*, *Scylax*, le *Toscan*, les *Sæurs*, la *Vierge*.

(82) Publius Syrus étoit natif de Syrie. Il fut dès ses plus jeunes ans emmené esclave en Italie. Son maître, frappé du talent qu'il annonçoit pour la Poésie, l'affranchit, & l'éleva avec soin. Il fut contemporain de Labérius, & son plus dangereux rival. Aucune de ses pièces n'est parvenue jusqu'à nous ; mais il nous est resté un ample recueil de Sentences de cet Auteur, qui toutes renferment la morale la plus saine, & dont la Bruyere a souvent profité.

On connoît encore Marulus, Ecrivain Mimographe, qui vivoit sous M. Antonin le Philosophe; Mattius dont parle Aulugelle, & Catulle, Poète différent du Poète élégiaque, & que Juvenal cite en plusieurs endroits. Il nomme une pièce de lui intitulée *Phasma* ou le spectre. Pour ne point m'arrêter à une distinction frivole entre les *Mimes* & les *Pantomimes*, je renvoye à la section suivante le tableau des Saltateurs Romains dont les noms sont parvenus jusqu'à nous.

(83) Jules César, pendant la durée de son pouvoir, donna au Peuple des Spectacles de tout genre; les jeux du Cirque, des Chasses, des combats d'Athlètes, des Naumachies. Les fils des plus distingués de l'Asie & de la Bithynie exécutèrent à Rome la Pyrrhique ou Danse armée. (*Voyez Suétone, vie de J. César*).

(84) Le Poète s'en vengea même par quelques traits satyriques. On connoît ce vers qu'il plaça dans son Drame :

Necesse est multos timeat, quem multi timent.

le Peuple en saisit l'application & regarda César.

(85) *Ludis Decimus Laberius eques Romanus Mimum suum egit : donatusque quingentis sestertiis, & annulo aureo, sessum in quatuordecim è Scena per Orchestram transiit.* Suéton. Jul. César, c. 39.

(86) Cependant, lui répliqua Labérius, *tu as coutume de t'asseoir sur deux siéges :* cette ironie portoit sur les adulations de Cicéron, partagées entre César & Pompée. (Voyez Sénéq. *l.* 3, *declamat.* 3, & *controvers.* l. 7). Voyez aussi Macrobe, *Saturn.* l. 2, c. 3.

(87) *Necessitas, cujus cursus transversi impetum*
Voluerunt multi effugere, pauci potuerunt,
Quò me detrusit pene extremis sensibus?
Quem nulla ambitio, nulla unquam largitio,
Nullus timor, vis nulla, nulla autoritas
Movere potuit in juventa de statu,
Ecce in senecta ut facile labescit loco
Viri excellentis mente clemente edita
Submissa placide blandiloquens oratio.
Et enim ipsi Dî negare cui nil potuerunt,
Hominem me denegare quis posset pati?
Ergo bis tricenis annis actis sine nota,
Eques Romanus Lare egressus meo,
Domum revertar Mimus. Nimirum hoc die
Uno plus vixi mihi quam vivendum fuit.
Fortuna, immoderata in bono æque atque in malo,
Si tibi erat libitum litterarum laudibus
Floris Cacumen nostræ famæ frangere,

Cur, cum vigebam membris præviridentibus,
Satisfacere populo & tali cum poteram viro
Non flexibilem me concurvasti ut carperes?
Nunc me quò dejicis? Quid ad scenam affero?
Decorem formæ, an dignitatem corporis,
Animi virtutem, an vocis jucundæ sonum?
Ut hedera serpens vires arboreas necat,
Ita me vetustas amplexu annorum enecat.
Sepulchris similis, nil nisi nomen retineo.

Macrob. Saturnal. l. 2, c. 7.

(88) *Scribere si fas est imitantes turpia Mimos,*
Materiæ minor est debita pœna meæ.

Ovid. Trist. l. 2.

(89) *Eadem civitas* (Massiliensium) *severitatis custos, acerrima est nullum aditum in scenam Mimis dando, quorum argumenta majore ex parte stuprorum continent actus, ne talia spectandi consuetudo etiam imitandi licentiam sumat.* Val. Max. l. 2, c. 6, 7.

(90) *Mimi ergo jam exitus, non fabulæ. In quo cùm clausula non invenitur, fugit aliquis è manibus; deindè scabella concrepant, aulæum tollitur.* Cicero, pro M. Coel.

(91) Voyez ci-dessus la note 78. Macrobe (*Saturn. l. 2, c. 7.*) qualifie même Pylade d'*Histrion*. Ces diverses citations prouvent encore d'une manière incontestable la filiation que j'ai établie entre les Ludions ou Histrions, les Mimes, & les Pantomimes; de telle sorte que les Histrions, devenus plus habiles, prirent le nom de Mimes, & que ceux-ci, ayant étendu & perfectionné leur art, furent appellés Pantomimes ou Mimes universels, *à multifaria imitatione*, dit Cassiodore.

(92) ON trouve des Mimes publics dans la description du Triomphe de Scipion après la seconde guerre Punique. Ils portoient des Couronnes & des colliers d'or. L'un d'eux étoit vêtu de pourpre, & excitoit les risées du Peuple par toutes sortes de contorsions, feignant d'insulter à l'ennemi. Αὐτοῦ δ' ἡγοῦνται τοῦ στρατηγοῦ ῥαβδοῦχοι φοινικοῖς χιτῶνας, ἐνδεδυκότες, καὶ χορὸς κιθαριστῶν τὲ καὶ τιτυριστῶν, ἐς μιμήματα Τυῤῥηνικῆς πομπῆς, περιεζωσμένοι τὲ καὶ στεφάνην χρυσῆν ἐπικικείμενοι. Ἴσα τὲ βαίνοισιν ἐν τάξει μετὰ ᾠδῆς, καὶ μετ' ὀρχήσεως. λυδοὶς αὐτοὶς καλοῦσιν, ὅτι (οἶμαι) Τυῤῥηνικοὶ Λυδῶν ἄποικοι, τούτων δὲ τὶς ἐν μέσω πορφύραν ποδήρη περικείμενος, καὶ ψέλλια καὶ στρεπτὰ ἀπὸ χρυσοῦ, χηματίζε ταὶ ποικίλως ἐς γέλωτα, ὡς ἐπορχούμενος τοῖς πολεμίοις. Appien. Alex. de bell. Punic.

(93) LES Mimes étoient encore appellés *Mirones*, ou *Miriones*, des grimaces qu'il fesoient; *Moriones* bouffons, de ΜΩΡΟΣ fol; *Macci* (*), *Cinædi*, *Cinæduli*, *Cinædologi*, *Sales*, *Stupidi*, *Scurræ*, *Scurrulæ*, *Verniones*. *Stercorei*, *Baltiones*, *Balatrones*, *Fabulones* ou *Sabulones*, *Leones* ou *Lenones*, *Copriæ Copreæ* ou *Capreæ*.

(94) CICÉRON parle d'une Mime célèbre, nommée Cythéris, qui fut d'abord affranchie par Volumnius Eutrapele Sénateur, & ensuite tendrement aimée de Marc Antoine. *Vehebatur in essedo Tribunus Plebeius: lictores laureati antecedebant; inter quos, aperta lectica, Mima portabatur, quam ex oppidis municipales, homines honesti, obviam necessariò prodeuntes, non noto illo, & Mimico nomine, sed Volumniam consalutabant.* Philippic. 2ª.

(95) EODEM (Catone) *Ludos florales quos Messius*

(*) Le nº. 1., pl. Iere. représente deux Morions en action, tirés du Muséum de Florence.

ædilis faciebat ſpectante, populus, ut Mimæ nudarentur, poſtulare erubuit : quod cum ex Favonio amiciſſimo ſibi unà ſedente cognoviſſet, diſceſſit è Theatro, ne præſentia ſua ſpectaculi conſuetudinem impediret : quem abeuntem ingenti plauſu populus proſecutus, priſcum morem jocorum in ſcenam revocavit; confeſſus plus ſe majeſtatis uni tribuere, quàm univerſo ſibi vindicare. Val. Max. l. 2, c. 10, 8.

(96) LES Paraſites ſont aſſez connus. Ils étoient les bouffons & les complaiſans de leurs patrons. Les Grecs les nommoient ΚΟΛΑΚΕΣ (adulateurs), ΕΠΙΣΙΤΙΟΙ qui vivent d'aumônes; &, par alluſion, ils appelloient Paraſites d'Apollon, les Mimes ou Hiſtrions qui récitoient les vers des Poètes célèbres. Quant aux Paraſites des Dieux proprement dit, on les nommoit *Sinhodites*, de *Sinhodus* feſtin. Il n'eſt pas facile de déterminer quel fut leur emploi. C. Rhodiginus veut que ce fuſſent ceux qui, dans les ſacrifices, étoient chargés de recueillir le froment ſacré. Saint Auguſtin (*de civ. dei, l. 6, c. 7.*) dit : *Epulones etiam Deos Paraſitos Jovis, ad ejus menſam qui conſtituerunt, quid aliud quam Mimica ſacra eſſe voluerunt?* On verra plus loin différentes inſcriptions qui prouvent que les Mimes & les Pantomimes furent pour la plupart Paraſites des Dieux; & que ces Paraſites ſe diviſoient en tragiques & comiques.

(97) APPIEN d'Alexandrie nous fournit un exemple horrible des jeux des Mimes privés. Τῆς δὲ κεφαλῆς τοῦ Κράσσου κομισθείσης ἐπὶ θύρας ἐπηρμέναι μὲν ἦσαν αἱ τράπεζαι. τραγῳδιῶν δὲ ὑποκριτὴς, Ἰάσων ὄνομα, Τραλλιανὸς, ᾖδεν Εὐριπίδου Βακχῶν τὰ περὶ τὴν Ἀγαυην. εὐδοκιμοῦντος δὲ αὐτοῦ, Σιλάκης ἐπιςὰς τῷ ἀνδρῶνι καὶ προσκυνήσας, πρoύβαλενὲς μέσον Κράσσου τὴν κεφαλὴν κρότου δὲ τῶν Πάρθων μετὰ χαρᾶς καὶ κραυγῆς ἀρμένων, τὸν μὲν Σιλάκην κατέκλινων οἱ ὑπηρέται, βασιλέως κελεύσαντος. ὁ δὲ Ἰάσων τὰ μὲν τοῦ Πενθέως σκευο ποιήματα παρθ-

ἔδωκε τινὶ τῶν χορευ τῶν. τῆς δὲ τοῦ Κράσσου κεφαλῆς λαβόμενος, καὶ ἀναβακχεύσας, ἐπεραινεν ἐκεινα τὰ μέλη μετὰ ἐνθουσιασμοῦ καὶ ᾠδῆς,

Φέρω μὲν ἐξ ὄρεος ἕλικα
Νεότομον ἐπὶ μέλα θρα,
Μακάριον θήραμα.

Καὶ ταῦτα μὲν πάντας ἔτερπεν. ἀμειβομένων δὲ τῶν ἑξῆς ἀμοιβαίων πρὸς τὸν χορὸν, τίς ἐχόρευσεν,

Ἐμὸν ἐμὸν τὸ γέρας,

ἀναπηδήσας ὁ Μαξάρθης (ἐτύγχανε γὰρ δειπνῶν) ἀντελαμβάνετο τῆς κεφαλῆς, ὡς αὐτῷ λέγειν ταῦτα μᾶλλον ἢ ἐκείνῳ προσῆκον. ἡσθεὶς δὲ ὁ βασιλεὺς, τὸν μὲν οἷς πάτριόν ἐστιν ἐδωρήσατο, τῷ δὲ Ἰάσωνι τάλαντον ἔδωκεν. De Bell. Parth.

(98) *Et quoties post cibum addormisceret, quod ei ferè accidebat, olearum ac palmularum ossibus incessebatur : interdum ferula flagrove, velut per ludum, excitabatur à copreis. Solebant & manibus stertentis socci induci, ut repente expergefactus faciem sibi confricaret.* Suéton. Claud. c. 8.

(99) *Structorem intereà, ne qua indignatio desit,
Saltantem spectes, & chironomonta volanti
Cultello, donec peragat dictata magistri
Omnia. Nec minimo sanè discrimine refert,
Quo gestu lepores, & quo gallina secetur.*
Juven. sat. 5, v. 120.

(100) *Sed & in funere* (Vespasiani), *Favor archimimus personam ejus ferens, imitansque, ut est mos, facta ac dicta vivi, interrogatis palam procuratoribus quanti funus & pompa constaret, ut audiit LLS. centies, exclamavit : centum sibi sestercia darent, ac se vel in Tiberim projicerent.* Suét. Vespas. c. 19.

Le jeu des Archimimes étoit accompagné de chants funèbres que les Romains appelloient *Næniæ*, & les Grecs ʽΙΑΛΕΜΟΙ.

(101) Je rejette toujours les autorités de Suidas, de Zoſime, de Saint Jérôme, comme ne pouvant être conciliées avec les faits & la raiſon : je n'adopte pas même le ſentiment de Saumaiſe qui prétend que Pylade ſe ſépara le premier de la Comédie, cette opinion ne me paroiſſant point ſuffiſamment fondée.

(102) ΑΥΛΩΝ ΣΥΡΙΓΓΩΝΤ' ΕΝΟΠΗΝ, Ο'ΜΑΔΟΝ Τ'ΑΝΘΡΩΠΩΝ.

Homere. Iliad. l. 10, v. 15.

(103) Du moins je ne connois aucun Auteur qui ait donné ce nom à des Saltateurs plus anciens que Pylade, & je n'ai trouvé aucun monument, aucune inſcription qui contrediſe le fait que j'avance.

(104) —————————— ΒΑΚΧΑΣ Ε'Ν ΘΗΒΩΝ Ι'ΤΑΛΗΝ Η'ΓΑΓΕ ΠΡΟΣ ΘΥΜΕΛΗΝ Α'ΝΘΡΩΠΟΙΣ ΠΥΛΑΔΗΣ.

Antholog. l. 4, c. 25.

(105) J'attribue l'invention de la Danſe italique à Pylade, pour me conformer au ſentiment de la plûpart des Auteurs ; car, quant à moi, je ſerois fort porté à croire que, à la vérité, Pylade l'étendit & la développa, mais qu'il la trouva établie.

(106) Une choſe digne de remarque, c'eſt que les deux reſtaurateurs de l'art du Geſte parmi les Latins, furent des étrangers. On ſe rappelle ſans doute que les inſtituteurs de cet art à Rome, les premiers Hiſtrions, vinrent auſſi de chez des Nations voiſines : ainſi les Romains ne pouvoient s'approprier ni l'invention, ni le développement de la Saltation théâtrale.

(107) *Indulserat ei ludicro Augustus, dum Mæcenati optemperat effuso in amore Bathylli.* Tacit. Annal. l. 1, 54.

(108) Bathylle se surpassa lui-même dans sa fable de Léda. Juvenal dit :

Cheironomon Ledam molli Saltante Bathyllo,
Tuccia Vesicæ non imperat, Appula gannit
Sicut in amplexu, subitum & miserabile longum.
Attendit Thymele, Thymele tunc rustica discit.

Sat. 6, v. 63.

(109) *Pylades in Comœdia, Bathyllus in Tragœdia multum à se aberant.* Seneq. controv. l. 3.

Ἀποπέμπω δὲ τῆς ὀρχήσεως τὴν Πυλάδειον, ὀγκώδη καὶ παθητικὴν καὶ πολυπρόσωπον οὖσαν. οἰδεῖ δὲ τῶν ἐγκωμίων ἐκείνων ἃ Σωκράτης περὶ ὀρχήσεως διῆλθε, δέχομαι τὴν Βαθύλλειον αὐτὸ θεν πέζαν τοῦ κορδακος ἀπτομένην, ἠχοῖς, ἤ τινος Πανὸς ἢ Σατύρου σὺν ερωτι κωμάζοντος ὑπὸρχήματος ἀντιθεμένην. Plutarch. Symp. l. 7. problem. 8.

On trouvera sans doute de l'opposition entre ce que Plutarque dit ici de la Danse de Bathylle, & le portrait qu'en fait Juvénal (note 108). Il n'est pas impossible de l'expliquer. On doit croire que le Philosophe de Chéronée étoit trop vertueux pour louer des obscénités. Ainsi, lorsqu'il préfère la Danse Bathyllienne à celle de Pylade, il n'entend sans doute parler que des Pièces décentes & bucoliques que représentoit le favori de Mécène.

(110) *Hylam discipulum usque ad æqualitatis conten-*

tionem eruditione provexit. Populus deindè inter utriusque suffragia divisus est. Macrob. Saturn. l. 2, c. 7.

(111) Calliaque substitue dans cette avanture Bathylle à Hylas.

(112) Une autre fois Hylas représentoit le rôle d'Œdipe. Parvenu au moment où cet infortuné se crève les yeux, il ne rendit pas avec assez de naturel l'état de cœcité qu'il devoit peindre. *Tu vois encore*, lui cria Pylade, qui ne perdoit aucune occasion de le critiquer : Hylas en effet ne mettoit point dans sa démarche cette appréhension, cette incertitude qui caractérisent les mouvements des aveugles.

(113) Pylade & Bathylle firent des élèves qui conservèrent les manières & le jeu de leurs maîtres. Les uns s'appelloient *Pyladæ*, les autres *Bathylli*. Delà vinrent les Pantomimes tragiques & les Pantomimes comiques, division qui subsista toujours depuis. Le Peuple fut sans cesse partagé entre ces deux classes rivales. Sénèque dit : *At quanta cura laboratur, ne cujuslibet Pantomimi nomen intercidat? Stat per successores* Pyladis *&* Bathylli *domus : harum artium multi discipuli sunt, multique doctores.* Nat. quæst. l. 7. c. 32.

(114) Auguste, pendant son règne, donna aux Romains des spectacles de tous genres. Il institua les jeux Quinquienniens, en mémoire de la bataille d'Actium, célébra ceux du Cirque, & les jeux Séculaires pour lesquels Horace composa le Poëme si connu sous ce nom : il fit exécuter des combats d'Athletes dans le champ de Mars, des Naumachies sur le Tibre, le Jeu de Troie, ceux consacrés à la Victoire, & des jeux Scéniques dans lesquels les Chevaliers Romains ne dédaignoient pas de faire briller leurs talents, avant que cela ne leur eût été défendu par un Sénatus-Consulte.

Enfin cet Empereur fit de sages règlements pour la police des Théâtres & l'ordre qui devoit s'y observer.

(115) *Coercitionem in Histriones, Magistratibus in omni tempore & loco, lege vetere permissam, ademit.* Suét. Octav. c. 45.

(116) — *Divus Augustus immunes verberum Histriones quondam responderat.* Tacit. Annal. l. 1, c. 77.

(117) *Hylam Pantomimum, querente prætore, in atrio domus suæ, nemine excluso, flagellis verberaverit.* Suét. Octav. c. 45.

Il est étonnant qu'aucun Auteur ne nous apprenne ce qui attira un si rude châtiment à Hylas. Il falloit cependant que ce fût une faute grave, puisque le même Auguste se contenta de bannir Pylade de Rome & de l'Italie, *Pyladem urbe atque Italia submoverit*, dit Suétone.

(118) Octave punit du même supplice Stéphanio, Auteur ou Acteur de ces sortes de Pièces que les Romains appelloient *Togatariæ*, parce que les Acteurs y étoient revêtus de la toge. *Histrionum licentiam adeo compescuit, ut Stephanionem togatarium, cui in puerilem habitum circumtonsam matronam ministrasse compererat, per trina Theatra Virgis cæsum relegaverit.* Suét. loc. supr. cit.

La vie de Stéphanio offre une singularité remarquable; c'est qu'il dansa à deux différentes célébrations des jeux Séculaires. Quoique ces jeux, ainsi que leur nom l'indique, ne dussent avoir lieu que tout les cent ans, & que la formule du crieur public fût d'annoncer des solemnités qu'aucun homme existant n'avoit vues, ni ne verroit jamais, néantmoins l'Empereur qui se mocquoit des loix & des institutions, voulut célébrer les jeux Séculaires, long-temps avant que le siècle fût révolu depuis ceux d'Auguste, & Stéphanio qui avoit dansé dans ces derniers, figura encore dans ceux de Claude.

(119) Les Pantomimes & les Archimimes furent aussi Parasites des Dieux. Il y en eut même d'admis au rang des Prêtres d'Apollon, dignité recherchée des Citoyens les plus illustres, tant étoit grande la considération dont jouissoient à Rome les Histrions. L'Epitaphe suivante du Pantomime Agilius, que l'on voit à Lavinia dans le Pays Latin, fait preuve de ce que j'avance.

M. AVRELIO. AVG. LIB
AGILIO. SEPTENTRIO
NI. PANTOMIMO. SVI
TEMPORIS. PRIMO. SACERDO
TI. SYNHODI
APOLLINIS. PARASITO
ALVMNO. FAVSTINÆ. AVG
PRODVCTO. AB. IMP. M
AVREL. COMMODO. ANTONI
NO. PIO. FELICE. AVGVSTO
ORNAMENTIS. DECVRIONAT
DECRETO. ORDINIS. EXORNATO
ET. ALLECTO. INTER. IVVENES

S. P. Q. LANIVINIVS

On a trouvé à Prœneste une autre inscription pour une statue du même Pantomime : elle differe un peu de la premiere.

M. AVRELIO. AVGG. LIB
AGILIO. SEPTENTRIONI
PANTOMIMO. SVI. TEMPORIS
PRIMO. HIERONICÆ
SOLO. IN. VRBE. CORONATO
DIAPANTON. AB. IMPP
DD. NN. SEVERO. ET. ANTONI
NO. AVGG. PARASITO. APOLLI
NIS. ARCHIERI. SYNODI. IIIIII
VIV. AN. HVIC. RESPVBLI
CA. PRŒNESTINA. OB. INSIG
NEM. AMOREM. EIVS
ERGA. CIVES. PATRIAMQ
POSTVLATV. POPVLI. STATVAM
POSVIT

Cette inſcription eſt rapportée d'une manière un peu différente dans Muratori.

(120) On déféroit aux Pantomimes de très-grands honneurs. Sénèque dit : *Si intrante te, clamor, plauſus & Pantomimica ornamenta obſtrepuerint.* l. 4, epiſt. 1.

(121) *Antiquitates ſacræ & civiles Romanorum explicatæ*, *autore* M. A. V. N. *Hagæ* 1726 *in-folio.*

(122) Nous poſſédons auſſi le deſſin du tombeau de Bathylle. On y voit la ſtatue couchée de cet Hiſtrion, & l'inſcription ſuivante eſt au-deſſous.

DIS. MANIBVS
AVG. LIB. BATHYLLVS. ÆDITVS
TEMPLI. DIVI. AVG
F. DIVÆ. AVGVSTÆ. QVOD. EST
IN. PALATIVM
IMMVNIS. ET. HONORATVS

(123) POUR ne rien obmettre de ce qui peut avoir rapport au sujet proposé, j'ai rassemblé ici les diverses inscriptions relatives à des Pantomimes, que le temps nous a conservées.

I.

A Gênes.

P. ÆLIVS. AVG. LIB
PYLADES. PANTOMIMVS
HIERONICA. INSTITVIT

II.

L. AVRELIVS. AVGG. LIB
PYLADES. HIERONICA
DISCIPVLVS. CONSVMMAVIT

III.

DIS. MANIBVS
IVLIÆ. SEDATÆ
DEC
CONTVBERN
C. IVLII. BATHYLLI
IMMVNIS

IV.

IVLIVS. MARI. L
BATHYLLVS
DEC

Ce Bathylle, affranchi de Marius, diffère du célèbre rival de Pylade qui dut sa liberté à Mécènes.

V.

A Rome.

M. VLPIVS. AVGG. LIB. APOLAVSTVS
MAXIM. PANTOMIMORVM. CORONA
TVS. ADVERSVS. HISTRIONES
ET. OMNES. SCÆNIC. ARTIFICES
HIERONICA. INSTITVIT

V I.

A Terracine.

L. SVRREDI. ΦL. F. ELV
FELICIS
PROCVRATORI. AB. SCÆN. THEAT
IMP. CÆSAR. DOMITIAN
PRINCIPI
CORONATO. CONTRA. OMNES
SCÆNICOS. VIXIT. ANN. XLIX
M. III. D. VIII
L. SVRREDVS. VALERIA
NVS. MAXIMVS. PANT
FRATRI. PIISS. FECIT

V I I.

A Rome.

C. IOCVNDO. C. F. EXQ. QVI
XII. AN. VIXIT. ET. SEPTIES
SPECTANTIBVS. IMPP. SER
GALBA. OTHONE. SALVIO. A
VITELLIO. ET. POPVLO. R
SALTAVIT. CANTAVIT. ET

PLACUIT

PLACVIT. PRO. IOCIS. QVIBVS
CVNCTOS. OBLECTABAT. SI
QVID. OBLECTAMENTI. APVD. VOS
EST. MANES. INSONTEM. RE
FICITE. ANIMVLAM. FAVSTVS. NVNC
INFAVSTVS. PATER. FILIO
ET. SIBI. FECIT

VIII.

Dans la Transsylvanie.

DIS. MANIBVS

MEMORIÆ. C. REGVLI. MORIBVS
DECORE. NATALIBVS. DD. HYACINTHO
VEL. NARCISSO. COMPARANDI. QVI
VIXIT. AN. XII. M. III. TER. IN. PVBLICO
SPECTANT. S. P. Q. TRAIANEN. QVA
TER. IN. CVRIA. SPECTANTE. IMP. M.
ANTONINI
PROCOS. SALTAVIT. CANTAVIT. IOCIS
OMNES. OBLECTAVIT. CVNCTIS. PLACVIT
FELIX. REGVLVS. PATER. INFELIX
ANIMÆ. INNOCENTISSIMÆ
L. H. L. D.

I X.

A Antibes.

D. M

PVERI. SEPTENTRIONIS
QVI. ANNORVM. XII
ANTIPOLI. IN. THEATRO
BIDVO. SALTAVIT. ET. PLACVIT

X.

A Rome, près l'Hôpital des Incurables.

N. DECITIVS. N. L
SABELLIO. MIMVS

X I.

PROTOGENES —— CLOVL
SVAVEI —— HEICEI[1] —— SITVST[2]
MIMVS —— PLOVRVMA[3] —— QVE
FECIT —— POPVLO —— SOVEIS[4]
GAVDIA —— NVGES[4]

1 pro HIC
2 pro SITVS EST
3 pro PLVRIMA
4 pro SVIS —— NVGIS

Cette inſcription, à en juger par les abbréviations

& par la figure des points, paroît être des premiers siècles de Rome.

XII.

A Pouzzol.

C. VMMIDIVS
ACTIVS
ANICETVS
PANTOMIMVS

XIII.

C. MANNEIVS
CORANVS
ARCHIMIMVS

XIV.

A Rome.

M. AVRELIO. AVG. LIBERTO
COMMODIANO. MAXIMO
PANTOMIMO. ET. HISTRIONI

SCÆNICO. ANN. XI||||||||||
VIRIDIA. C. LIBERTA
MVSICA. COMMODIA
DONATA

XV.

A Rome.

ΤΕΡΜΑ ΒΙΟΥ ΤΕΛΕϹΑϹ
ΠΑΙϹ ΤΑΙΕΙΟϹ ΕΝΘΑΔΕ ΚΕΙ
ΜΑΙ ΑϹΚΗϹΑϹ ΡΕΙΛΟϹ ΥΠΟ
ΚΡΙϹΕωϹ ΟΚΤω ΚΑΙ ΔΕΚΕ
ΤΗ ΖΗϹΑϹ ΒΙΟΝ ΑϹΚΛΗΠΙΟΔω
ΡΟϹ ΓΗϹ ωΝ ΠΡΟϹΘΕ ΓΟ
ΝΟϹ ΜΗΤΕΡΑ ΓΑΙΑΝ ΕΚω

XVI.

A Rome.

ΙϹΤΟΡΙΑϹ ΔΕΙΞΑϹ
ΚΑΙ ΚΕΙΡϹΙΝ ΑΠΑΝΤΑ
ΛΑΛΗΛΑϹ ΕΝΠΕΙΡΟϹ ΒΡΟΜΙΟ ΙΟ
ϹΟΦΗϹ ΙΕΡΗϹΤΕ ΧΟΡΕΙΑϹ ϹΥΝΠΑϹΧΩΝ
ΧΕΙΝΟΙϹ ΠΕΡ ΚΕΙΝΕΙΤΟ ΠΡΟϹΩΠΟΙϹ

ΚΟϹΜΗϹΑϹ ΠΑϹΑΝ ΘΥΜΕΛΗΝ ΔΙΔΑΧΑΙϹ
ΠΟΛΥΔΟΞΟΙΟ ΟΥΤΟϹ Ο ΠΑΙΔΙΑϹ
ΘΑΛΕΡΗϹ ΕΝΚΩΜΙΑ ΑΙΨΑϹ
ΚΕΙΤΕ ΔΕ ΓΗΡΑ ΒΕΒΑΡΗΝΟϹ
ΟΥΚ ΕΘΑΝΕΝ ΓΑΡ ΖΩϹΗϹ
ΕΥΧΟΡΟΙΟ ΤΕΚΝΕϹ
ΑΡΕΤΑΙϹΙ ΜΑΘΗΤΩΝ

XVII.

||||||||||| A V R E L |||||||||||
APOLAVSTO
ET. DIAPANTON. PARASITO
ET. SACERDOTI. APOLLINIS
AVGVST. CAPVÆ. MAXIMO

XVIII.

A Canoſa.

||||||||[1]ELIO. AVG. LIB
||||||||[2]ELIO. APOLAVSTO
PANTOMIMO
||||||||[3]VSTALIVM. QQ[4]

1 leg. AELIO
2 leg. AVRELIO
3 leg. AVGVSTALIVM
4 leg. QVINQVENNALI

||||||||[5]ONIS. E. TEMPORIS

SVI. PRIMO

||||||||[6]ONIA. AVRELIA

||||||||[7]G. PIA. CANVSIVM

D. D

5 fortè HIERONICÆ, vel HISTRIONI SCÆNICO

6 leg. COLONIA

7 leg. AVGVSTA

XIX.

A Thèbes.

Η ΒΟΥΔΗ ΚΑΙ ΔΗΜΟΣ

ΦΛΑΟΥΙΩΙ ΑΘΗΝΑΙΩΙ

ΦΛΑΟΥΙΟΥ ΠΟΝΤΙΛΟΥ

ΘΥΓΑΤΗΡ ΑΠΑΖΑ ΚΟΡΕΥΣΑΣΑ

XX.

QVID TIBI MORS FACIAM QVÆ NVLLI PARCERE NOSTI
NESCIS LÆTITIAM NESCIS AMARE IOCOS
HIS EGO PRÆVALVI TOTA NOTISSIMVS VRBE
HINC MIHI LARGA DOMVS HINC MIHI CENSVS ERAT
GAVDEBAM SEMPER QVID ENIM SI GAVDIA DESINT
HIC VAGVS AC FALLAX VTILE MVNDVS HABET
ME VISO RABIDI SVBITO CECIDERE FVRORES
RIDEBAT SVMMVS ME VENIENTE DOLOR

NON LICVIT QVENQVAM MORDACIBVS VRERE CVRIS
NEC RERVM INCERTA MOBILITATE TRAHI
VINCEBAT CVNCTOS PRÆSTANTIA NOSTRA TIMORES
ET MECVM FELIX QVÆLIBET HORA FVIT
MOTIBVS AC DICTIS TRAGICA QVOQ. VOCE PLACEBAM
EXHILARANS VARIIS TRISTIA CORDA MODIS
FINGEBAM VVLTVS HABITVS AC VERBA LOQVENTVM
ET PLVRES VNO CREDERES ORE LOQVI
IPSE ETIAM QVAM NOSTRA OCVLIS GEMINABAT IMAGO
HORRVIT IN VVLTVS SE MAGIS IPSE MEOS
O QVOTIES IMITATA MEO SI PŒMINA GESTV
VIPIT ET ERVBVIT TOTAQVE MOTA FVIT
ERGO QVOT IN NOSTRO VIDEANTVR CORPORA FORMA
TOT MECVM RAPTAS ABSTVLIT ATRA DIES
QVO VOS IAM TRISTI TVRBATVS DEPRECOR ORE
QVI TVMVLVM LEGITIS CVM PIETATE MEVM
O QVAM LÆTVS ERAT VITALIS DICITE MŒSTI
SINT TIBI VITALIS SINT TIBI LÆTA MODO

X X I.

A Fano.

V. F

M. ANNÆVS. PONTICVS
SIBI. ET. SABINÆ

DOCTA LYRA GRATA EST GESTV FORMOSA PVELLA
HÆC IACET ÆTERNA SABIS HVMATA DOMO

CVIVS FATALEIS PENSARE OPTAVERAT HORAS
PONTICVS HVIC CONIVX VLTIMA DONA DEDIT

XXII.

L. ACILIO. L. F. POMPT. EVTYCHAE
NOBILI. ARCHIMIMO
COMMVN. MIMOR. ADLECTO. DIVR
NO. PARASITO. APOLL.
TRAGICO. COMICO. PRIMO. SVI. TEM
PORIS. ET. OMNIBVS
CORPORIB. AD. SCÆNAM. HONOR
DECVRIONI. BOVILLIS
QVEM. PRIMVM. OMNIVM. ADLEC.
PATRE. APELLARVNT
ADLECTI. SCÆNICORVM. EX. AERE
COLLATO. OB. MVNERA
ET. PIETATEM. IPSIVS. ERGA. SE
CVIVS. OB. DEDICATION
SPORTVLAS. DEDIT. ADLECTIS. SING
·X· XXV. DECVR. BOVILL
SING. ·X· V. AVGVSTAL. SING. ·X· III
MVLIER. HONOR. ET

POPVLO. SING. ·X·I. DEDIC. III. IDVS
AVG. SOSSIO. PRISCO
ET. CŒLIO. APOLLINARI. COS. CVRATORE
Q. SOSIO. AVGVSTIANO

XXIII.

A Rome.

LAVDATVS. POPVLO. SOLITVS
MANDATA. REFERRE. ADLECTVS
SCÆNÆ. PARASITVS. APOLLINIS
IDEM. MVLTARVM. IN. MIMIS
SALTANTIBVS. VTILIS. ACTOR

XXIV.

C. IVLTO. AVG. LIB
ACTIO. PRIORI
PANTOMIMO

XXV.

DIS. MANIBVS

M. FABI. M. F. ESQ. REGILLI. ET
FABIÆ. FABIA. M. ET Ↄ. L
ARETE. ARCHIM. TEMPORIS
SVI. PRIMA. DIVRNA. FEC
SIBI. ET. SVIS

XXVI.

L. THENEDORVS. XYSTICVS
PARIDI. THYMELICO
BENE. MERENTI. FECIT

XXVII.

Dans la Voie Appienne.

A. SERGIVS. A. L. CHARAX
PANTOMIMVS. FECIT. SIBI. ET.
SERIÆ. CORNELIÆ

CHRYSÆROTÆ. CON. SVÆ. CARISSIMÆ
BENE. DE. SE. MERITÆ

XXVIII.

Dans la Voie Appienne.

DIS. MANIBVS
SACR
L. ABÆIVS. L. LIB
HYÆNA. PANTOMI
MVS. ET. ABAEIA
VENERIA. VXOR
V. D

XXIX.

Dans la Voie Proeneſtine.

OSSA.......
M. AREMI. BRITANNI. HISTR
PANTOMIMI.....COMMOD
VIXIT. ANN. XXX. M. VII. D. VIIII
M. ARREMIVS. GALBINVS. PATRON

XXX.

Dans la Voie Latine.

DIS. MANIBVS
C. ARTIVS. C. LIB. BISAR
PANTOMIMVS. COM
MODIANVS. FECIT. SIBI
ET. ARTICVLEIÆ. CHA
RICHRYSÆ. VXORI. CAR
ISSIMÆ
Q. VIX. ANN. XXXV. M. VI. D. III

XXXI.

Dans la Voie Appienne.

D. M.
DIONYSIO. AVG. N
VERNÆ. HETHOLOGO. VIXIT
ANNIS. XXII. MENSIBVS. VII.
DIEBVS. XXIIII. FECIT
DIONYSIVS. SOCRATES
AVG. LIB. ET. SIBI. ET. SVIS

XXXII.

Dans la Voie Flaminienne.

DIS, MANIBVS

IVNIÆ. C. L. BIPENNÆ

SALTATR. THEATRI

VIX. ANN. XXXIV. M. II. D. III

CALLISTRATVS. MIMVS

T. P. C.

XXXIII.

Dans la Voie Appienne.

T. AVIDIVS. T. L. ICADIVS. VIR

MVSCLOSVS. HISTRION. TH

SALTATOR. FECIT. SIBI. SVA

PECVNIA. H. SARCOPHAGVM

MARMOREVM. LOC

EMPT. A. TIT. ARKANO. HS. LXII

AMICO. SVO

XXXIV.

Θ. Κ

Λ. ΑΥΡΗΛΙΟΣ. ΑΠΕ
ΛΕΥΘΕΡΟΣ. ΡΗΥΣ
ΣΟΣ. ΙΣΤΡΙΟΝΟΣ
ΑΝΕΘΕΗΚΕΝ

XXXV.

DIS. MANIBVS
T. AVIDIO. T. L. HIPPVRGIO
HISTR. DE. THEATR. MARCEL
Q. VIXIT. ANN. XXXV. M. VII
NON. SINE. DOLO. OBIIT. H. S. E.
ALCIA. PAPIRIANA. LIB. GRAIA
CONIVGI. SVO. CARISSIMO. F. CVR

XXXVI.

Dans la Voie Aurélienne.

HIRPIRISTO. A. SCÆNÆ. CORON

HISTRION . . . . . ANN. LIII. OBIT
MENS . . . .
. . . .

XXXVII.

LVRIA. PRIVATA
MIMA. V. A. XIX. BLEPTVS
FECIT

XXXVIII.

A Rome dans l'ancienne Basilique de Saint-Pierre.

DORMI
GLAVDIÆ
HERMIONÆ
ARCHIMIMÆ. SVI
TEMPORIS. PRI
MÆ. HEREDES

(124) *Cum cæruleatus & nudus, caputque redimitus*

arundine, & *caudam trahens*, *genibus innixus*, *Glaucum Saltasset* (Plancus). Vell. Patercul. l. 2.

(125) SENEQUE dit : *Ostendam nobilissimos juvenes mancipia Pantomimorum*. l. 6. ep. 3.

(126) CE Mime, au déclin de son âge, donna lieu, par une aventure singulière, au proverbe *salva res est dùm saltat senex*, que les Parasites d'Apollon répétoient sur la Scène. Sous le Consulat de C. Sulpicius & de D. Fulvius, le Préteur M. Calpurnius Pison institua des Jeux sacrés en l'honneur d'Apollon. C'étoit en temps de guerre. Les Romains venoient d'ouvrir ces Jeux, lorsqu'on apprend que l'ennemi approche. Ils quittent aussi-tôt la scène, courent aux armes, remportent la victoire & reviennent triomphants. Mais un souci les occupe. Ils ont interrompu la célébration, & ils craignent que cette irrévérence n'ait offensé les Dieux. Ils s'occupoient des moyens de réparer leur faute, lorsqu'en rentrant au Théâtre ils y trouvèrent Volumnius qui dansoit au son de la flûte. Leur joie fut extrême de voir que la solemnité n'avoit point été suspendue, & ils résolurent unanimement de célébrer tous les ans à cette époque des Jeux en l'honneur d'Apollon. (V. *Festus Pompeius de verb. signif.*)

(127) GÉNÉSIUS vivoit sous l'Empereur Maximien. Représentant un jour une pièce où les Mystères des Chrétiens étoient exposés d'une manière plaisante, il fut soudain, si l'on en croit l'Histoire, frappé de la grace Divine, & se convertit, c'est-à-dire, qu'il embrassa la Religion Chrétienne. On en a fait depuis *Saint-Genès*.

(128) LA MÊME aventure arriva à Ardeléone, mais elle lui coûta cher, car il augmenta le nombre des martyrs.

(129) *M. LEPIDUM MNESTEREM Pantomimum, quosdam*

dam obsides dilexisse fertur (Caligula) *commercio mutui stupri.* Suét. Calig. c. 36.

Et ailleurs :

Mnesterem Pantomimum etiam inter spectacula osculabatur : at si quis saltante eo vel leniter obstreperet, detrahi jussum manu sua flagellabat. Ibid. c. 55.

Ce Mnester représenta, entr'autres Pièces, le même sujet tragique que Néoptolème avoit mis sur la Scène dans les Jeux où Philippe, Roi de Macédoine, fut tué. Il périt dans la Lauréole, comme je le dirai ailleurs.

Tacite parle d'un Mnester, contemporain de Claude, & qui fut un des amans de Messaline. J'ignore si c'est le même que le précédent : ce qui ne pourroit être, si, comme Suétone semble l'indiquer, l'Acteur de la Lauréole mourut sous le règne de Caligula.

(130) MARTIAL a fait l'Epitaphe de ce Pantomine.

Dulce decus Scenæ, ludorum fama, Latinus
Ille ego sum, plausus deliciæque tuæ :
Qui spectatorem potui fecisse Catonem,
Solvere qui Curios, Fabriciosque graves.
Sed nihil à nostro sumpsit mea vita theatro,
Et sola tantum scenicus arte feror :
Nec poteram gratus domino sine moribus esse :
Interiùs mentes suspicit ille deus.
Vos me laurigeri Parasitum dicite Phœbi,
Roma sui famulum dum sciat esse Jovis.

(131) PARIS fut favori de Domitien, mais plus encore de la femme de cet Empereur. Elle en étoit tellement éprise, que Domitien la répudia ; mais, peu de temps après, pour satisfaire aux vives sollicitations du Peuple, ou plutôt à son propre désir, il la rappella. On veut communément qu'il ait fait périr l'amant de sa femme, & l'on cite en preuve le passage suivant de Suétone qui se tait sur ce fait : *Deindè uxorem suam Domitiam, ex qua in secundo suo consulatu filium tulerat, alteroque anno consalutaverat ut Augustam, eandem Paridis Histrionis amore deperditam, repudiavit : intraque breve tempus, impatiens dissidii, quasi efflagitante populo, reduxit* (Domit. c. 3.). D'un autre côté Martial a fait l'Epitaphe de ce Pantomime, & les éloges qu'elle renferme rendent assez suspecte la mort tragique de Pâris ; car Martial, qui vivoit sous le règne de Domitien, étoit trop adulateur pour louer publiquement un homme que cet Empereur auroit fait périr.

Quisquis Flaminiam teris viator,
Noli nobile præterire marmor.
Urbis deliciæ, salesque Nili,
Ars & gratia, lusus & voluptas,
Romani decus, & dolor Theatri,
Atque omnes Veneres, Cupidinesque,
Hoc sunt condita, quo Paris sepulchro.

Quoiqu'il en soit de ce fait, toujours est-il certain que Domitien fit mourir un jeune Pantomime, élève de Pâris, & son égal en talent & en beauté. *Discipulum Paridis Pantomimi puberem* (d'autres lisent *impuberem*) *adhuc, & cum maximè ægrum, quod arte formaque non absimilis magistro videbatur, occidit.* Suét. Domit. c. 10.

(132) CE PARIS n'avoit pas peu contribué par ses conseils détestables à porter Néron au meurtre d'Agrippine ; ainsi qu'on peut le voir dans Tacite, (ann. l. 13, c. 20.)

(133) *CORAM te Caramalus aut Phabaton,*
Clausis faucibus, & loquente gestu,

Nutu, crure, genu, manu, rotatu,
Toto in ſchemata vel ſemel latebit.
Sidon. Apoll. Narbo. v. 268.

(134) *EVIRANTUR Mares, honor omnis & vigor ſexus enervati corporis dedecore mollitur, pluſque illis placet quiſquis virum in fœminam magis fregerit.* Ep. ad Donat.

(135) IL paroît par un paſſage de Lucien que ces hommes châtrés rempliſſoient les rôles de femme, uſage qui avoit auſſi lieu dans la Tragédie, & qui s'eſt conſervé en Italie pour les Opéra.

Columelle dit : *Attoniti miramur geſtus effeminatorum, quod à natura ſexum, viris denegatum, muliebri motu mentiantur, decipiunt que oculos ſpectantium.*

(136) IL n'en étoit point du mot *Pantomimus* comme du mot *Mimus*. Malgré l'opinion de pluſieurs Savans, M. Geſſner a très-bien prouvé que le premier de ces mots ne fut jamais employé pour déſigner la fable qu'on repréſentoit, & qu'on ne l'appliquoit qu'à l'Acteur. Je dois obſerver encore que les Latins n'avoient point de ſubſtantif pour déſigner l'art des Pantomimes, & qu'ainſi c'eſt irrégulièrement que nous employons ce mot ſubſtantivement dans ce ſens ; mais ils avoient l'adjectif *Pantomimicus* relatif aux Acteurs.

(137) L'ASTROLOGIE judiciaire, peutêtre auſſi ancienne que le monde, enſeignoit chez les Romains que ceux qui naiſſoient ſous la conſtellation du Dauphin, ſeroient recommandables par l'agilité & la ſoupleſſe de leurs jambes, & pour cette raiſon on les appelloit *Petaminarii.*

(138) VOYEZ Ciaconius, *de Triclinio.*

(139) *BEATIORES ne iſtos putas quorum PANTOMIMÆ decies ſeſtertio nubunt, quàm &c.* Senec. conſol. ad Alb.

(140) *Tam tremulum criſſat, tam blandum prurit, ut ipſum Maſturbatorem fecerit Hyppolytum.*

Martial. epig. 203, l. 14.

Forſitan expectes, ut Gaditana canoro
Incipiat prurire choro, plauſuque probatæ
Ad terram tremulo deſcendant clune puellæ,
Irritamentum veneris languentis, & acres
Divitis urticæ.

Juven. Sat. 11. v. 162.

(141) *Filius Æſopi detractam ex aure Metellæ,*
(Scilicet ut decies ſolidum exſorberet) aceto
Diluit inſignem baccam.

Horat. Sat. 3, l. 2.

(142) *Maximè tamen inſignis eſt in hac memoria, Clodii Æſopi Tragici Hiſtrionis patina, HS Centum taxata: in qua poſuit aves cantu aliquo aut humano ſermone vocales, HS ſex ſingulas coemptas.* Plin. l. 10, c. 51.

(143) *Prior id fecerat Romæ in unionibus magnæ taxationis Clodius Tragædi Æſopi filius, relictus ab eo in amplis opibus hæres, (ne triumviratu ſuo nimis ſuperbiat Antonius, pene hiſtrioni comparatus) & quidem nulla ſponſione ad hoc producto, quo magis regium fiat; ſed ut experiretur in gloria palati, quid ſaperent margaritæ: atque ut mire placuere, ne ſolus hoc ſciret, ſingulos uniones convivis quoque abſorbendos dedit.* Plin. l. 9, c. 35.

(144) *Tanta — fuit gratia & gloria, ut mercedem diurnam de publico mille denarios ſine gregalibus ſolus acceperit Roſcius.* Macrob. Saturn. l. 3, c. 14.

(145) Il faut néanmoins en excepter ceux qui

jouoient dans les pièces appellées *Togatariæ* ; ceux là portoient le vêtement que ce nom indique.

(146) *Spectabat modò ſolus inter omneis*
Nigris munus Horatius lacernis,
Cùm plebs, & minor ordo, maximuſque
Sancto cum duce candidus ſederet:
Toto nix cecidit repente cælo:
Albis ſpectat Horatius lacernis.

Epig. 2. l. 4.

(147) *A personando enim id vocabulum* (perſona) *factum eſſe conjectat* (C. Baſſus). *Nam caput, inquit, & os, cooperimento perſonæ tectum undique, unaque tantum vocis emittendæ vix pervium, quod non vaga neque diffuſa eſt, in unum tantum modo exitum collectam coactamque vocem, & magis claros canoroſque ſonitus facit.* &c. Aulugel. n. att. l. 5, c. 7.

(148) *In iis quæ ad ſcenam componuntur fabulis, artifices pronuntiandi à perſonis quoque affectus mutuantur, ut ſit Niobe in Tragœdia triſtis, Atrox Medea, attonitus Ajax, truculentus Hercules. In Comœdiis vero præter aliam obſervationem, quâ ſervi, lenones, paraſiti, ruſtici, milites, vetulæ, meretriculæ, ancillæ, ſenes auſteri ac mites, juvenes ſeveri ac luxurioſi, matronæ, puellæ inter ſe diſcernuntur; pater ille cujus præcipuæ partes ſunt, quia interim concitatus, interim lenis eſt, altero erecto, altero compoſito eſt ſupercilio. Atque id oſtendere maximè Latinis actoribus moris eſt, quod cum iis quas agunt partibus congruat.* Quintil. inſtitut. l. 11, c. 3.

(149) *Ut tragicus cantor ligno tegit ora cavato*
Grande aliquid cujus per hiatum carmen anhelet.

Prudent. in ſymm.

Oraque corticibus ſumunt horrenda cavatis

(Auſonii).

Virg. georg. l. 2, v. 387.

(150) Ce n'étoit point proprement un inſtrument. C'étoit la chauſſure armée de fer dont ſe ſervoit le Coryphée pour frapper la meſure. On la nommoit ainſi, parce qu'elle lui ſervoit comme de marche-pied. En grec elle s'appelloit ΚΡΟΥΠΑΛΑ ou ΚΡΟΥΠΕΖΑ.

(151) C'étoient des coquilles que l'on frappoit l'une contre l'autre pour marquer la meſure.

(152) C'étoient des os d'animaux qui ſervoient au même uſage que les *Teſtulæ*.

(153) *Carmina quod pleno ſaltari noſtra theatro,*
Verſibus & plaudi ſcribis, amice, meis.

Ovid. Triſt. l. 5, Eleg. 7.

(154) *Laureolum velox etiam bene Lentulus egit,*
Judice me, dignus verâ cruce.

Juven. Sat. 8, v. 187.

(155) *Et cum in Laureolo mimo, in quo actor proripiens ſe ruina ſanguinem vomuit, ut plures ſecundarum certatim experimentum artis darent, cruore ſcena abundavit* (Mneſter). Suét. Calig. c. 57.

(156) *Quos Sex. Titius conſecutus, homo loquax ſanè, & ſatis acutus, ſed tam ſolutus, & mollis in geſtu, ut ſaltatio quædam naſceretur, cui ſaltationi Titius nomen eſſet.* Cicéro, Brut. ſeu de clar. orat.

(157) C'est dans ce ſens qu'on doit entendre le paſſage de Plutarque que j'ai cité note 109. Ainſi, lorſqu'il dit que, dans la danſe de Pylade, il faut jouer trop de perſonnages, on doit en conclure, non qu'il y paroiſſoit pluſieurs Acteurs, mais que le même y repréſentoit pluſieurs rôles différents, & que par conſéquent cette danſe demandoit beaucoup d'appareil, d'habits, de maſques. Il eſt très-certain que Pylade joua toujours ſeul dans ſes Pièces.

(158) *Mirari ſolemus ſcenæ peritos, quòd in omnem ſignificationem rerum & effectuum parata illorum eſt manus, & verborum velocitatem geſtus aſſequitur.* Senec. Epiſt. l. 22, ep. 2.

(159) Ο'ΡΧΗΣΗΡ————— —————
ΝΕΥΜΑΤΑ ΜΟΘΟΝ Ε'ΧΩΝ, ΠΑΛΑΜΗΝ ΣΟΜΑ, ΔΑΚΤΥΛΑ ΦΟΝΗΝ.

Nonnus. Dionyſ. l. 7, v. 20.

(160) *His ſunt additæ horciſtarum loquaciſſimæ manus, linguoſi digiti, ſilentium clamoſum, expoſitio tacita, quam Muſa Polymnia reperiſſe narratur : oſtendens homines poſſe & ſine oris affatu ſuum velle declarare.* Caſſiod. var. Epiſt. l. 4, ep. 51.

(161) *Hanc partem Muſicæ diſciplinæ mutam nominavere Majores, ſcilicet quæ ore clauſo manibus loquitur, & quibuſdam geſticulationibus facit intelligi, quod vix narrante lingua aut ſcripturæ textu poſſit agnoſci.* Id. l. 1, ep. 20.

(162) *Et hiſtriones omnium membrorum motibus dant ſigna quædam ſcientibus, & cum oculis eorum quaſi fabulantur.* Doct. chriſt. l. 2.

(163) *Maſcula fœmineo derivans pectora flexu,*
Atque aptans lentum ſexum ad utrumque latus,
Ingreſſus ſcenam populum ſaltator adorat,
Solerti pendet prodere verba manu.
Nam cum grata chorus diffundit cantica dulcis,

Quæ resonat cantor, motibus ipse probat.
Pugnat, ludit, amat, bacchatur, vertitur, adstat;
Inlustrat verum, cuncta decore replet.
Tot linguæ quot membra viro. Mirabilis ars est,
Quæ facit articulos, ore silente, loqui.

(164) Et *si tanta operum vires commenta negarint,*
Externis tamen aptus erit nunc voce poetis,
Nunc saturo gestu: referetque affectibus ora,
Et sua dicendo faciet, solusque per omnes
Ibit personnas, & turbam reddet in uno.
Aut magnos heroas aget, scenisque togatas.
Omnis fortunæ vultum per membra reducet,
Æquabitque choros gestu, cogetque videre
Præsentem Trojam, Priamumque ante ora cadentem.

Manil. Astronom. l. 5, v. 473.

(165) Aussi, lorsqu'une femme enceinte voyoit en songe son enfant exécuter une pantomime, c'étoit un présage que cet enfant seroit sourd & muet.

(166) Si les Romains comblèrent les Pantomimes de tant d'honneurs, & leur prodiguèrent des éloges si magnifiques, cet enthousiasme ne les aveugla point sur les défauts de ces acteurs, & ils furent toujours pour eux les juges les plus sévères & les plus difficiles. Lorsqu'un pantomime faisoit quelque contre-sens, ou ne rendoit pas d'une manière exacte les parties du ressort de l'indication, on appelloit cela faire un solécisme des mains. Je tire encore de Lucien les traits suivants. Un Pantomime de très-petite taille voulut jouer un jour le rôle d'Hector. Lorsqu'on le vit paroître, *voici Astianax*, s'écria-t-on, *mais? où est donc Hector*. Un autre au contraire, d'une stature gigantesque, représentoit Capanée dans le siège de Thèbes. A l'inst

tant où il devoit escalader les murailles de cette Ville, *sautes dessus*, lui crièrent les spectateurs, *tu n'as pas besoin d'échelle.* Voyoit-on paroître un Acteur sec & décharné, on faisoit des vœux ironiques pour sa convalescence. Un pantomime gros & pesant s'élançoit pour faire un saut, *prends garde*, lui disoient-ils, *on a oublié d'étayer le théâtre.* Nous sommes beaucoup plus indulgents que les Romains sur ces sortes de convenances; & nous allons au spectacle écouter sans rire un amoureux à cheveux blancs, une petite-maîtresse à la voix aigre & dure, une Clitemnestre plus jeune qu'Iphigénie, un Hercule au teint délicat, à la blonde chevelure, chantant la haute-contre.

(167) *SUNT quædam & digitorum notæ, sunt & oculorum, quibus secum taciti proculque distantes colloquuntur.* Isidor. orig. l. 1, c. 25.

(168) SAINT-CYPRIEN s'exprime ainsi: *Exprimunt impudicam Venerem, adulterum Martem, Jovem illum suum non magis regno quàm vitiis principem, in terrenos amores cum ipsis suis fulminibus ardentem, nunc in plumas oloris albescere, nunc aureo imbre defluere, nunc in puerorum pubescentium raptus ministris avibus prosilire.* Epist. ad Donat.

(169) *PANTOMIMO igitur, cui à multifaria imitatione nomen est, cum primum in scenam plausibus invitatus advenerit, assistunt consoni chori diversis organis eruditi, tunc illa sensuum manus oculis canorum carmen exponit, & pro signa composita, quasi quibusdam litteris, edocet intuentis aspectum, in illaque leguntur apices rerum, & non scribendo facit quod scriptura declaravit. Idem corpus Herculem designat & Venerem; foemineam præsentat & marem, regem facit & militem, senem reddit & juvenem; ut in uno credas esse multos, tam varia imitatione discretos.* Cassiod. l. 4, Ep. 51.

(170) POUR se convaincre de cette vérité, il suffit de se rappeller que Cicéron luttoit quelquefois avec Roscius, à qui exprimeroit le mieux un sujet, l'un par le discours, l'autre par les gestes. Ensuite, sans altérer le sens de ses phrases, Cicéron en varioit le style, & il falloit que Roscius variât aussi sa gesticulation. *Et certè satis constat contendere eum* (Ciceronem) *cum ipso histrione solitum, utrum ille sæpius eamdem sententiam variis gestibus efficeret, an ipse per eloquentiæ copiam sermone diverso pronuntiaret.* Macrob. Sat. l. 3, c. 14.

(171) PERSONNE n'ignore que, dans nos Couvents, les jeunes filles ont un alphabet par signes, au moyen duquel elles expriment en gesticulant les mêmes mots qu'elles prononceroient en parlant. C'est-là sans doute une langue oculaire; mais elle ne ressemble en rien à celle des pantomimes. La première n'est, si je puis m'exprimer ainsi, qu'une traduction en gestes, des lettres, des syllabes, & des mots. La seconde forme un langage absolument différent, qui n'a nul rapport avec le méchanisme de nos langues. L'une d'ailleurs est entièrement conventionnelle, la seconde au contraire a ses bases dans la nature, elle est à l'œil ce que la Musique est à l'ouïe.

(172) CES DIVERS exemples prouvent manifestement combien la déclamation muette des Pantomimes affectoit puissamment le spectateur; &, quand on voudra réfléchir sur la nature de l'imitation Saltatoire, on sera moins étonné de la préférence que les Romains lui donnèrent sur la parole même. L'expression de la Poésie, quelque vraie, quelque naturelle qu'elle soit, n'arrive à notre esprit que par des signes arbitraires; la pantomime au contraire parle directement à nos yeux. La première n'est qu'une image de la nature, gênée, circonscripte par la parole; la seconde est la nature elle même, prise sur le fait (car toute action est un mouvement), & développée dans toute son étendue. La chose décrite par le geste est présente à vos yeux; l'action que l'on vous peint se passe devant vous, vous y participez en quelque sorte; au lieu que la Poésie ne fait sur nous que l'effet d'un ressouvenir. Ses images, qui ne peuvent être présentées que l'une après l'autre, ne permettent que lentement à l'esprit d'en former un ensemble. Je comparerois volontiers une description poétique à un dessin tracé sur une surface sphérique, dont l'œil ne peut saisir que successivement toutes les parties.

La laconicité du langage pantomimique est encore une des causes qui contribuent à son énergie. Et tel est en général le caractère distinctif de la langue des SIGNES, de cette langue puissante dont les Anciens connoissoient si bien l'usage & les effets, & que les sublimes lumières de notre Philosophie nous portent à mépriser, à traiter de puérilité. Plus rapides que l'éclair, les signes lancent dans notre ame l'impression profonde du sentiment dont ils sont l'emblême, &, dans un instant indivisible, nous en montrent toute l'étendue, toutes les conséquences. Le Drapeau Rouge, par exemple, est mille fois plus éloquent que toutes les proclamations du monde. Il n'est nul factieux qui ne pâlisse en le voyant, après s'être vingt fois mocqué des Loix les plus sevères contre les attroupements.

D'après ces considérations nouvelles, si l'on veut revenir sur l'analyse comparée des beaux-Arts que j'ai tracée pag. 15, on pourra déterminer ainsi les rapports qu'ils ont entr'eux.

1°. La PEINTURE la SCULPTURE & le GESTE parlent directement à la Vue ; la POÉSIE & la MUSIQUE à l'Esprit : l'une par des signes arbitraires, l'autre par l'organe de l'ouïe.

2°. La SCULPTURE & la PEINTURE imitent tous les corps, soit isolés, par le relief, soit rapprochés & combinés entr'eux, par les contours, les couleurs, les ombres, la perspective : le GESTE, la MUSIQUE & la POÉSIE peignent les passions & les actions des hommes ; le premier se sert du mouvement, l'autre des sons harmoniques, la troisième des sons articulés ou plutôt du discours.

3°. La PEINTURE la SCULPTURE & le GESTE peuvent présenter un tableau dans tout son ensemble ; la MUSIQUE & la POÈSIE n'offrent que des descriptions successives : celle-là cependant, au moyen de l'harmonie, peut réunir simultanément plusieurs expressions différentes.

4°. Le GESTE & la SCULPTURE sont vrais, quoique privés des couleurs & de la voix : la PEINTURE est une illusion optique ; la MUSIQUE & la POÉSIE sont des fictions imitatives.

5°. Le GESTE seul exprime d'une manière réelle le mouvement & la vie ; la MUSIQUE & la POÉSIE en produisent de brillantes images ; la PEINTURE & la SCULPTURE sont inanimées, & , par cette raison, restreintes à une seule attitude, à un seul temps de l'action qu'elles représentent.

6°. Enfin la POÉSIE le GESTE & la MUSIQUE, quoique de nature différente, ont une telle connection entr'elles, que, réunies, elles se prêtent un mutuel secours ; & ce sont les seuls des beaux-Arts qui puissent être ainsi rapprochés.

C'est en combinant & analysant ainsi les rapports des

beaux-Arts entr'eux, que l'on parvient à déterminer les sujets qui sont propres à chacun d'eux, & si les Artistes négligeoient moins la connoissance de ces rapports, on ne les verroit pas si souvent échouer dans leurs compositions par le choix du sujet, & par le genre d'imitation qu'ils employent.

(173) D'APRÈS tout ce que nous avons dit jusqu'ici sur l'imitation des Pantomimes, il est aisé d'appercevoir que les gestes conventionnels furent une sorte d'abus, une véritable négligence, que la paresse ou le peu de talent de quelques Acteurs introduisirent dans leur art. En effet l'imitation cesse dès que l'on a recours à la convention. Tel geste peut alors désigner tout ce que l'on voudra, & l'on retombe dans une langue semblable à celle que je décrivois tout-à-l'heure (*). Les gestes conventionnels ressemblent à ces placards que l'on élève au bout d'un bâton dans les ridicules pantomimes qu'on joue sur nos tréteaux, & dont l'objet est d'apprendre au spectateur ce que l'acteur ne sauroit exprimer. Celui qui possède toutes les ressources de son art ne se sert que de gestes naturels. Il s'applique à caractériser par leurs effets les rapports intellectuels qu'il doit peindre. Le passage suivant où Quintilien traite de l'art du Geste peut éclaircir ceci : *Ii quidem — cum ipsis vocibus naturaliter exeunt gestus : alii sunt qui res imitatione significant : ut si ægrum tentantis venas medici similitudine, aut oitharædum formatis admodum percutientis nervos manibus ostendas.* Instit. l. 11, c. 3.

(174) *ILLA enim signa quæ saltando faciunt histriones, si natura non instituto & consensione hominum valerent, non primis temporibus, saltante Pantomimo, præco pronuntiaret*

(*) Note 171.

populis Carthaginis quid saltator vellet intelligi. Quod adhuc multi meminerunt senes, quorum relatu hæc solemus audire. Quod ideo credendum est, quia nunc quoque si quis theatrum talium nugarum imperitus intraverit, nisi ei dicatur ab altero quid illi motus significent, frustra totus intentus est. Doctr. chr. l. 2.

(175) Les principaux mouvements du corps dans la saltation étoient *flexus, precursus, saltus, conquiniscentia, divaricatio, claudicatio, ingeniculatio, manuum connixio, consertio, compectinatio, agitatio, commutatio, complosio, elactio, jactatio, pedum permutatio, alternatio, supplosio* &c. Mais cette énumération est plutôt relative à la partie mécanique de la saltation qu'à son objet principal qui est l'imitation. Elle est d'ailleurs fondée sur ce que l'on distinguoit deux espèces principales de saltation; *Motaria*, qui répondoit à la Cubistique des Grecs (elle se rapprochoit de notre Danse & consistoit dans de grands & fréquents mouvements tels que ceux que je viens de nommer); & *stataria*, saltation plus tranquille où l'on faisoit peu de mouvements mais beaucoup de gestes, & où l'Acteur brilloit moins par sa légèreté que par le talent de peindre les passions humaines. Telle étoit celle des Pantomimes.

(176) *At ubi discursus reciproci multimodas* (*) *ambages tubæ terminalis cantus explicuit, aulæo subducto & complicitis siparіis, Paridis scena disponitur. Erat mons ligneus, ad instar inclyti montis illius quem vates Homerus Idæum cecinit; sublimi instructus fabricâ, consitus viretis & vivis arboribus: summo cacumine de manibus fabri fonte*

(*) *Al. multimodes, al. multinodas.*

manante, fluvialis aquas eliquans. Capellæ pauculæ tondebant herbulas : &, in modum Paridis Phrygii pastoris, barbaricis amiculis humeris defluentibus, pulchrè indusiatus adolescens, aurea tiara contecto capite, pecuarium simulabat magisterium. Adest luculentus puer nudus, nisi quod ephebia chlamyda sinistrum tegebat humerum, flavis crinibus usquequaque conspicuus: &, inter comas ejus, aureæ pinnulæ cognatione simili sociatæ prominebant, quem caduceum & virgula, Mercurium indicabant. Is saltatoriè procurrens, malumque bracteis inauratum dextera gerens, ei qui Paris videbatur porrigit : quid mandaret Jupiter, nutu significans. Protinus gradus scitulè referens, è conspectu facessit. Insequitur puella vultu honesta, in deæ Junonis speciem similis; nam & caput stringebat diadema candida, ferebat & sceptrum. Irrupit alia, quam putares Minervam, caput contexta fulgenti galea, & oleagina corona tegebatur ipsa galea, clypeum attolens, & hastam quatiens, & qualis illa cùm pugnat. Super has introcessit alia, visendo decore præpollens, gratia coloris Ambrosei designans Venerem ; qualis fuit Venus, cum fuit virgo, nudo & intecto corpore perfectam formositatem professa ; nisi quod tenui pallio bombycino inumbrabat spectabilem pubem. Quam quidem laciniam curiosulus ventus satis amanter nunc lasciviens reflabat, ut dimota, pareret (*) flos ætatulæ : nunc luxurians aspirabat, ut adhærens pressulè membrorum voluptatem graphicè laciniaret. Ipse autem color Deæ diversus in speciem : corpus candidum, quod coelo demeat; coeruleus (**) quod mari remeat. Jam singulas virgines, quæ Deæ putabantur, sui obibant comites. Junonem quidem Castor & Pollux, quorum capita cassides orbatæ (***) stel-

---

(*) *Al. pateret.*

(**) *Al. coerulus amictus.*

(***) *Al. orbiculatæ ; al. olbatæ ; al. æratæ.*

larum apicibus insignes contegebant. Sed & isti Castores erant scenici pueri. Hæc puella, varios modulos lasciva concinente tibiâ, procedens quieta & inaffectata gesticulatione, nutibus honestis, pastori pollicetur, si sibi præmium decoris addixisset, sese regnum totius Asiæ tributuram. At illam quam cultus armorum Minervam fecerat, duo pueri muniebant, præliaris Deæ comites armigeri, Terror & Metus, nudis insultantes gladiis. At ponè tergum, tibicen hormum canebat bellicosum: & permiscens bombis gravibus tinnitus acutos, in modum tubæ, saltationis agilis vigorem suscitabat. Hæc, inquieto capite, & oculis in aspectu minacibus, citato & intorto genere, gesticulatione alacri, demonstrabat Paridi, si sibi formæ victoriam tradidisset, fortem, tropæisque bellorum inclytum suis adminiculis futurum. Venus ecce cum magno favore caveæ, in ipso meditullio scenæ, circumfuso populo latissimorum parvulorum, dulce subridens, constitit amœnè. Illos teretes & lacteos puellos diceres tu Cupidines veros, de cœlo vel mari commodùm involasse. Nam & pinnulis & sagittulis, & habitu cætero formæ præclarè congruebant & velut nuptiales epulas obituræ Dominæ, coruscis prælucebant facibus. Et influunt innuptarum puellarum decoræ soboles. Hinc Gratiæ gratissimæ; indè Horæ pulcherrimæ quæ jaculis floris serti & soluti Deam suam propitiantes, scitissimum construxerunt chorum, dominæ voluptatum veris coma blandientes. Jam tibiæ multiforatiles cantus Lydios dulciter consonnant quibus spectatorum pectora suave mulcentibus, longè suavior Venus placidè commoveri, cunctantique lentè vestigio, & leviter perfluctuantes pinnulas (*), & sensim annutante capite cœpit incedere, mollique tibiarum sono delicatis respondere gestibus: & nunc mite conniventibus, nunc acrè comminantibus

(*) *Al fluctuante spinulâ.*

nantibus gestire pupillis , & nonnumquam saltare solis oculis. Hæc ut primum ante judicis conspectum facta est, nisu brachiorum polliceri videbatur, si fuisset deabus cæteris antelata, daturam se nuptam Paridi forma præcipuam, suique consimilem. Tunc animo volenti Phrygius juvenis, malum quod tenebat aureum, velut victoriæ calculum, puellæ tradidit. — Postquam finitum est illud Paridis judicium, Juno quidem cum Minerva tristes, & iratis similes, scena redeunt, indignationem repulsæ gestibus professæ : Venus vero gaudens & hilaris, lætitiam suam, saltando toto cum choro, professa est &c. Apul. Miles, seu Metam. l. 10.

(177) Ce fragment pourroit fournir matière à d'amples commentaires. Je me bornerai aux réflexions suivantes.

1°. L'on voit que la décoration de la scène étoit, ainsi que je l'ai dit plus haut, fidèlement copiée sur le site des lieux indiqués par le Programme de la Pièce. Ici le Théâtre représente le mont Ida, séjour du berger Pâris. On y voit des arbres, des fontaines, des troupeaux, &c.

2°. La même exactitude étoit observée dans les costumes. Ceux des Acteurs de cette pièce en fournissent la preuve.

3°. Quoique nous ne puissions point déterminer d'une manière précise de quels gestes se servoient les pantomimes, nous sommes néantmoins en état d'apprécier la nature de ces gestes. Nous voyons en effet qu'ils étoient toujours analogues au caractère des personnages. Junon, cette Déesse fière & impérieuse, s'exprimoit par des gestes graves & modérés. Son orgueil ne lui permettoit pas de douter qu'elle fût préférée. La terrible Pallas étoit plus impatiente. Ses regards menaçants, son jeu mâle, énergique, pétulant, convenoient bien à la Déesse des combats. Vénus gesticuloit peu. Sa beauté, ses graces étoient assez éloquentes. Ses yeux seuls parloient. Tantôt, à demi fermés, ils peignoient la volupté, inspiroient le désir; tantôt, plus animés, ils fesoient de tendres menaces. Ainsi dut s'exprimer la mère des Amours, lorsque, sûre de la victoire, & disputant aux autres Déesses le prix de la beauté, elle voulut séduire le berger Pâris.

4°. Ces mots *saltare solis oculis* prouvent d'une manière incontestable que le jeu des Pantomimes ne consistoit pas toujours dans de grands mouvements des mains ou des pieds. Ces Acteurs imitoient la nature; ils peignoient les différentes affections de l'ame, &, pour les exprimer, ils mettoient en usage tout ce que la privation de la voix nous laisse de moyens pour communiquer à nos semblables les impressions que nous éprouvons. Ainsi ce langage muet peut mieux être senti que défini. Il en est de la Saltation comme de la Poésie & de la Musique. Filles de l'imagination, leur pratique se refuse à une analyse exacte. Envain a-t-on voulu en décrire les règles; on peut dire de toutes ces Poétiques si vantées: *sunt verba & voces, prætereaque nihil.*

6°. Enfin le fragment que je viens de rapporter donne lieu de croire que les Pantomimes ne portoient pas toujours des masques sur la scène. Ceux dont Apulée parle ici n'en avoient évidemment point (ou bien cet Auteur se sert donc d'expressions figurées), car il dit qu'on voyoit se peindre sur leur visage & dans leurs yeux les divers sentiments dont ils étoient animés.

(178). *At theatri licentia proximo priore anno cœpta; gravius tum erupit, occisis non modo è plebe, sed militibus & centurione, vulnerato tribuno prætoriæ cohortis, dum probra in magistratus & dissentionem vulgi prohibent. Ac-*

tum de ea seditione apud Patres, dicebanturque sententiæ, ut prætoribus jus virgarum in histriones esset. Intercessit Haterius Agrippa Tribunus plebei, increpitusque est Asinii Galli oratione, silente Tiberio qui ea simulacra libertatis senatui præbebat. Valuit tamen intercessio, quia Divus Augustus immunes verberum histriones quondam responderat, neque fas Tiberio infringere dicta ejus. De modo lucaris, & adversus lasciviam fautorum, multa decernuntur; ex quis maxime insignia: ne domos Pantomimorum senator introiret: ne egredientis in publicum equites Romani cingerent: aut alibi quam in theatro spectarentur: & spectantium immodestiam exsilio multandi potestas prætoribus fieret. Tacit. Ann. l. 1, c. 77.

(179) *Variis dehinc & sæpius inritis prætorum questibus, postremo Cæsar de immodestia histrionum retulit, multa ab iis in publicum seditiose, fœda per domos tentari: Oscum quondam ludicrum levissimæ apud vulgum oblectationis, eo flagitiorum & virium venisse, ut autoritate Patrum coercendum sit. Pulsi tum histriones Italia.* Tacit. ann. l. 4, c. 14.

Cæde in theatro per discordiam admissa, capita factionum & histriones, propter quos dissidebatur, relegavit: nec ut revocaret, unquam ullis populi precibus potuit evinci. Suet. Tib. c. 37.

(180) *Canendi ac saltandi voluptate ita efferebatur, ut ne publicis quidem spectaculis temperaret, quo minus & tragœdo pronuntianti concineret: & gestum histrionis quasi laudans vel corrigens palam effingeret. Nec alia de caussa videtur eo die quo periit, pervigilium indixisse, quam ut initium in scenam prodeundi licentia temporis auspicaretur. Saltabat autem nonnunquam etiam noctu: & quondam tres Consulares secunda vigilia in palatium accitos, multaque & extrema metuentes super pulpitum collocavit: deindè repente*

magno tibiarum & scabellorum crepitu, cum palla tunica que talari prosiluit, ac desaltato cantico abiit. Suet. Calig. c. 54.

(181) C. CÆSAR — *iratus cælo quod obstreperet Pantomimis, quos imitabatur studiosius quàm spectabat, quodque comessatio sua fulminibus terreretur, prorsus parum certis, ad pugnam vocavit Jovem (& quidem sine intermissione) homericum illum exclamans versum :*

ΖΕΥ ΠΑΤΕΡ Ο'Υ ΤΙΣ ΣΕΙΟ ΘΕΩΝ ΟΛΕΩΤΕΡΟΣ ΑΛΛΟΣ.

Senec. de irâ, l. 1.

(182) *AT Claudius, matrimonii sui ignarus & munia censoria usurpans, theatralem populi lasciviam severis edictis increpuit, quod in P. Pomponium consularem (is carmina scenæ dabat) inque feminas inlustres probra jecerat.* Tac. ann. l. 11, c. 13.

(183) NÉRON célébra durant son règne presque tous les jeux en usage parmi les Romains ; les Juvénales, les jeux du Cirque, les jeux Scéniques, les combats des Gladiateurs, & les jeux appellés *Maximi*, institués pour demander aux Dieux la durée de l'Empire. Il fit exécuter des Naumachies & des danses Pyrrhiques. Il institua les jeux Néroniens qui se célébroient tous les cinq ans, & consistoient en des luttes de Musique, de gymnastique, & de courses équestres. Néron aimoit passionément la Musique. Il montoit souvent sur la scène, & déclamoit les pièces tragiques des meilleurs Poetes. Il représenta entr'autres la fable de Canace, celle d'Oreste, Œdipe aveugle, Pasiphaé éprise d'un taureau, & Hercule furieux. On rapporte que, dans cette dernière tragédie, un soldat de sa garde le voyant charger de chaînes, ainsi que l'exigeoit son rôle, prit la chose au sérieux, & accourut pour le délivrer. V. *Suet. Nero*, c. 11, 12, 20, 21. &c.

(184) *Pantomimorum factiones cum ipsis simul relegatæ.* Ibid. c. 16.

Ce fait paroîtra sans doute plus que surprenant, lorsqu'on lira le récit des excès auxquels ce monstre se porta lui-même sur le théâtre des Pantomimes:

Interdiu quoque clam gestatoria sella delatus in theatrum, seditionibus pantomimorum ex parte proscenii superiori, signifer simul ac spectator aderat. Ed cum ad manus ventum esset, lapidibusque & subselliorum fragminibus decerneretur, multa & ipse jecit in populum, atque etiam prætoris caput consauciavit. Suet. Nero. c. 26.

Au reste, le passage suivant de Tacite fournit la solution de cette espèce de problême.

Ludicram — licentiam, & fautores histrionum velut in prælia convertit, impunitate & præmiis, atque ipse occultus, & plerumque coram prospectans: donec discordi populo, & gravioris motus terrore, non aliud remedium repertum est, quam ut histriones Italia pellerentur, milesque theatro rursum assideret. Ann. l. 13, c. 25.

(185) *Redditi quamquam scenæ* Pantomimi, *certaminibus sacris prohibebantur.* Tac. ann. l. 14, c. 21.

(186) *Sub exitu quidem vitæ palam voverat, si sibi incolumis status permansisset, —se—saltaturum—Virgilii Turnum. Et sunt qui tradant Paridem histrionem occisum ab eo, quasi gravem adversarium.* Suet. Nero. c. 54.

(187) *Cautum severe, ne equites Romani ludo & arena polluerentur.* Tac. hist. l. 2, c. 62.

(188) *Interdixit histrionibus scenam, intrà domum quidem exercendi artem jure concesso.* Suet. Domit. c. 7)

(189) *Obtinuit aliquis ut spectaculum pantomimorum Populi Romani tolli pateretur; sed non obtinuit ut vellet.*

Rogatus es tu (Trajane) *quod cogebat alius, cœpitque esse beneficum quod necessitas fuerat. Neque enim à te minore concentu ut tolleres Pantomimos, quàm à patre tuo ut restitueret, exactum est. Utrumque rectè: nam & restitui oportebat quos sustulerat malus princeps, & tolli restitutos— Populus ille aliquando scenici imperatoris spectator & applausor, nunc in pantomimis quoque adversatur, & damnat effœminatas artes, & indecora seculo studia.* Pline secund. Traj. panegyr.

Et plus loin :

Et quis jam locus miseræ adulationis manebat, cùm laudes imperatorum ludis etiam & comessationibus celebrarentur, saltarenturque, atque in omne ludibrium effœminatis vocibus, modis, gestibus frangerentur, sed illud indignum, quòd eodem tempore in senatu & in scena ab histrione & à Consule laudabantur; tu procul à tui cultu ludicras artes removisti.

(190) *Fabulas omnis generis more antiquo in theatra dedit: histriones aulicos publicavit. — Militares pyrrhicas populo frequenter spectavit.* Æl. Spartian. Adrian.

(191) *In convivio, Tragædias, Comœdias, Atlelanas, Sambuccas, Lectores, Poetas, pro re semper exhibuit.* Ibid.

(192) *Amavit histrionum artes.* J. Capitol. Ant. Pius.

(193) *Absens* Populi Romani *voluptates curari vehementer præcepit per ditissimos editores. Fuit enim populo hic sermo, cum sustulisset ad bellum gladiatores, quòd populum, sublatis voluptatibus, vellet cogere ad philosophiam. Jusserat enim, ne mercimonia impedirentur, tardius Pantomimos exhiberi non votis diebus.* J. Capit. M. Ant. phil.

(194) — *Faustinam satis constat apud Caïetam conditiones sibi & nauticas & gladiatorias elegisse : de quo cum diceretur Antonino Marco ut eam repudiaret, si non occi-*

deret, dixisse fertur: si uxorem dimittimus, reddemus & dotem. Ibid.

(195) *Adduxerat secum, & fidicinas, & tibicines, & histriones, scurrasque mimarios, & præstigiatores, & omnia mancipiorum genera, quorum Syria & Alexandria pascitur voluptate, prorsus ut videretur bellum non Parthicum sed Histrionicum confecisse.* J. Capit. Verus.

(196) *In his artifex quæ stationis imperatoriæ non erant, ut calices fingeret, saltaret, cantaret, sibilaret, scurram denique & gladiatorem se perfectum ostenderet.* Æl. Lamprid. Commod.

(197) *Agebat præterea domi fabulam Paridis, ipse Veneris personam subiens, ita ut subito vestes ad pedes defluerent: nudusque una manu ad mammam, altera pudendis adhibita, ingenicularet, posterioribus eminentibus in subactorem rejectis & oppositis. Vultum præterea, eodem quo Venus pingitur, schemate figurabat, corpore toto expolitus.* Æl. Lamprid. Heliogabal.

(198) *Ad Præfecturam prætorii saltatorem, qui histrionicam Romæ fecerat, ascivit.* Ibid.

(199) *In castris verò milites, precanti præfecto, dixerunt se parsuros esse Heliogabalo, si & impuros homines, & aurigas, & histriones à se dimoveret, atque ad bonam frugem rediret.* Ibid.

(200) *Nanos & Nanas, & Moriones, & vocales exoletos, & omnia acroamata, & Pantomimos populo donavit: qui autem usui non erant, singulis civitatibus putavit alendos singulos, ne gravarentur specie mendicorum.* Æl. Lamprid. Alex. Sev.

(201) *— Ballistea pueri & saltatiunculas in Aurelianum — componerunt, quibus diebus festis militariter saltitarent.* Flav. Vopisc. Aurel.

(202) *Mimis, meretricibus, pantomimis, cantoribus,*

atque lenonibus palatium implevit. — Exhibuit — centum salpistas uno crepitu concinentes, & centum camptaulas, choraulas centum, etiam pithaulas centum, pantomimos & gymnicos mille. = Mimos præterea undique advocavit. Flav. Vopisc. Carin.

(203) *Postremo ad id indignitatis est ventum, ut cum peregrini ob formidatam non ita dudum alimentorum inopiam pellerentur ab urbe præcipites, sectatoribus disciplinarum artium liberalium impendio, paucis sine respiratione ulla extrusis, venerantur mimarum asseclæ veri, quique id simularunt ad tempus, & tria millia saltatricum, ne interpellata quidem, cum choris totidemque remanerent Magistris.* Amm. Marcell. Hist. l. 14.

(204) Nous trouvons dans l'Histoire la Saltation *Balymachia* défendue par le troisième Concile de Tolède qui se tint l'an 589.

(205) L'Abbé Dubos conjecture avec assez de fondement que ces spectacles cessèrent lors du sac de Rome par Totila, c'est-à-dire l'an 546 de notre ère, vingt-six ans après la mort de Cassiodore; ou que du moins, s'ils ne furent pas alors entièrement abolis, ils perdirent tout leur éclat, & retombèrent dans l'avilissement & dans l'oubli.

FIN.

Malgré le soin que l'on a mis à l'impression de ce Livre, il s'est glissé, surtout dans les citations grecques, quelques fautes légères, telles que δαί pour δαῦ, pag. xxv lign. 4; στηχας pour στίχας ibid; αλ ὑλοισι pour αλλήλοισι ibid; Ωολλὸς pour Πολλὸς, lign. 5 &c. On n'a pas cru devoir les relever par un errata toujours rebutant, le lecteur pouvant aisément suppléer à ce que le travail rapide de la Presse laisse souvent d'incorrect.

A Paris, chez Clousier, Imprimeur du Roi, rue de Sorbonne.

Ex Museo Florentino.

N.° 1.

N.° 2.

Saltateur que l'on croit être un LUPERCE

PARODIE DES AMOURS

N.° 1. DE JUPITER ET D'ALCMENE Pl. II.

peinte sur un Vase Etrusque.

Cette Scene singuliere appartient évidemment aux Mimes, comme il est aisé de s'en convaincre par le stile burlesque qui y regne, et par ce que les acteurs y sont représentés nuds pieds, Planipedes. Alcmene est spectatrice à une fenetre élevée. Jupiter porte une echelle, au travers des barreaux de laquelle il passe sa tête. Un masque blanc surmonté du Modius, Boisseau, dérobe les traits du pere des Dieux. Mercure a un gros ventre à l'imitation de Sosie. D'une main il baisse et cache son caducée; de l'autre il éleve une lampe vers la fenetre d'Alcmene. Il porte à la ceinture un grand Priape de cuir rouge; suivant l'usage des plus anciens acteurs qui n'osoient paroître nuds.

SOCRATE S'EXERCANT A LA SALTATION.

Ex Museo Gerlacx.

Derriere le philosophe on voit une tête de Chien,
Simbole de la fidelité, par lequel Socrate avoit coutume de jurer.

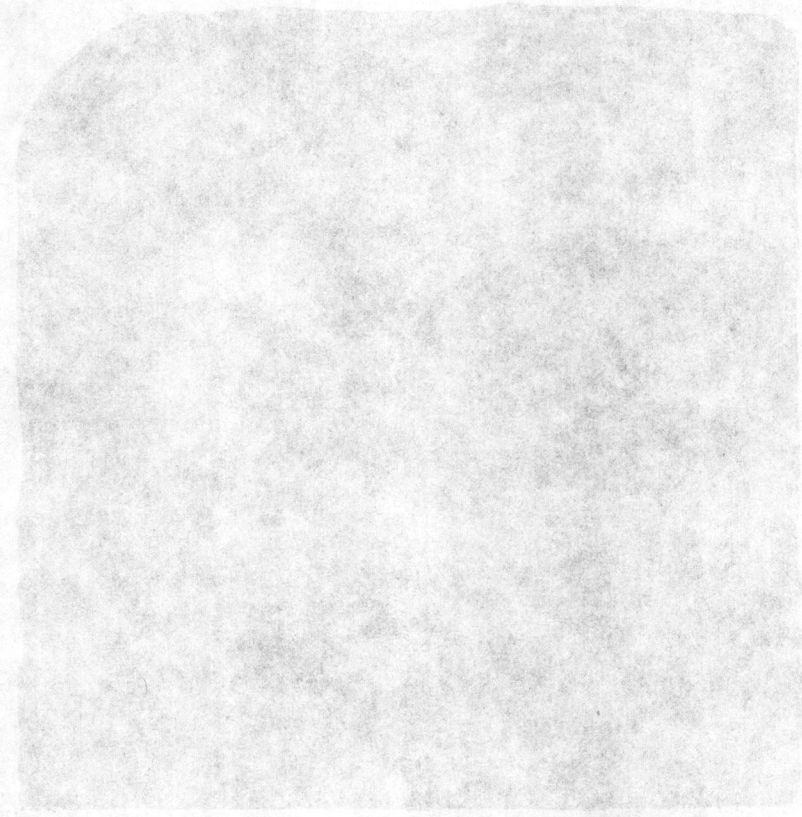

SCENE DE MIMES ETRUSQUES.

Ex Mus. Etrusc.

Fr. GORII.

Cette Scene represente une femme qui sollicite vivement un homme de repondre à ses desirs ; mais celui ci est insensible aux caresses de cette belle. Derriere eux un Bouffon dont le masque est hideux presse l'homme de ne pas laisser echapper une si bonne fortune.

MIME BOUFFON.

Parasite?

Ficoroni, Masch. Seen.

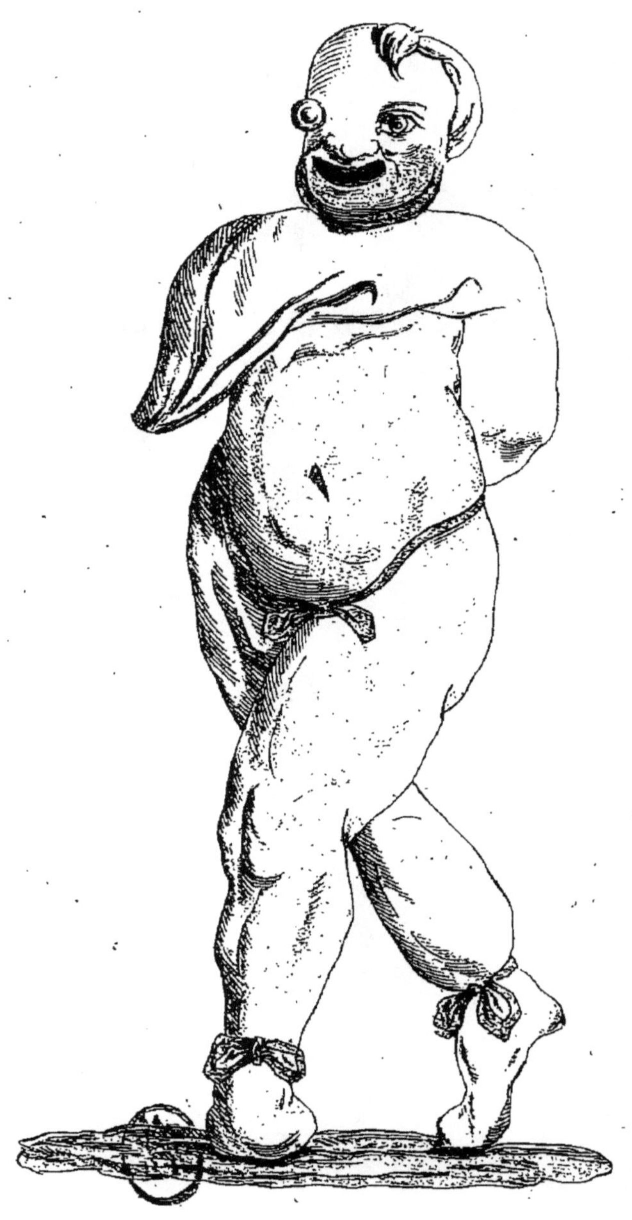

MIME BOUFFON.

Ficoroni, Masch. Scen.

MIME BOUFFON.

Parasite ?.

Ficoroni, March. Scen.

MASQUE de PANTOMIME TRAGIQUE.

N.° 1.

du Cabinet du Duc d'Orléans

Scene pantomime representée sur une Pierre gravée du Museum de Florence :

On y voit trois acteurs, un Vieillard, une Femme, et un Esclave,

Pl. II.

N.° 2.

N.° 1.

N.° 2.

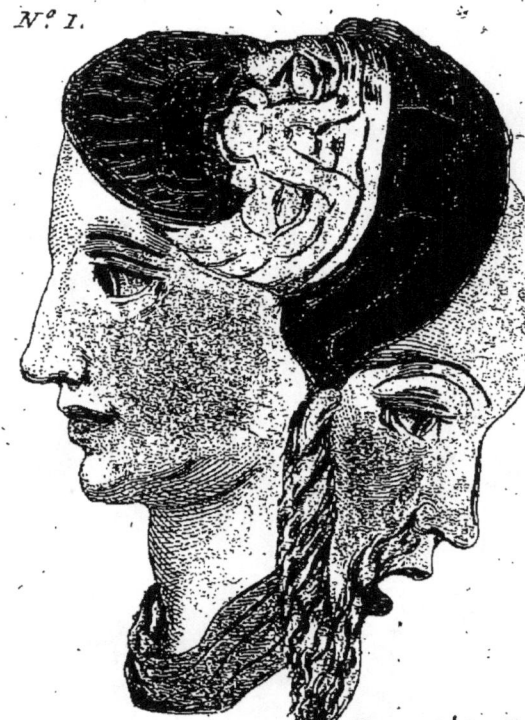

Masque de Satyre

Ficoroni Masch.

Masque triple d'une Femme, un Vieillard et un Bouffon.

N.° 3.

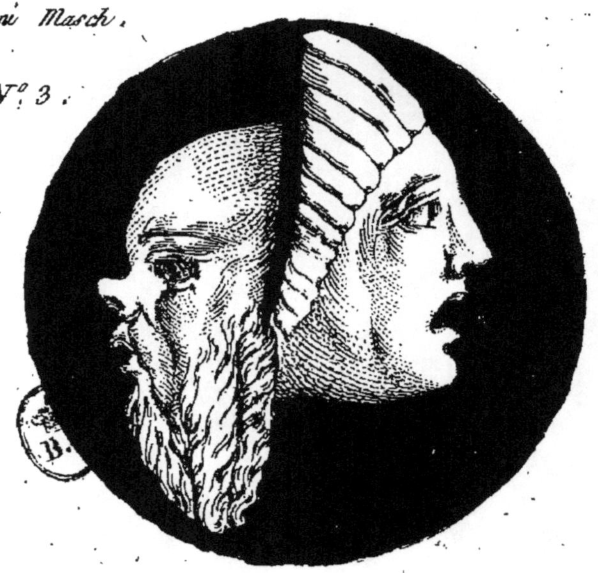

MASQUE double de Socrate et de Xantippe.

Ficoroni, Masch. Sceni.

Saltateur qui tient une sorte de Cornemuse à trois bouches.

Ficoroni,

www.ingramcontent.com/pod-product-compliance
Lightning Source LLC
Chambersburg PA
CBHW051917160426
43198CB00012B/1932

9782011893703